Nico Pirner
SPRACHE, DIE HEILT
Leitfaden für Heilberufe

AF210994

Nico Pirner

SPRACHE,
DIE HEILT

Leitfaden für Heilberufe

Bibliografische Information der Deutschen Nationalbibliothek:
Die Deutsche Nationalbibliothek verzeichnet diese Publikation
in der Deutschen Nationalbibliografie; detaillierte bibliografische Daten sind im Internet über http://dnb.dnb.de abrufbar.

Die automatisierte Analyse des Werkes, um daraus Informationen insbesondere über Muster, Trends und Korrelationen ge-
mäß §44b UrhG („Text und Data Mining") zu gewinnen, ist un-
tersagt.

Verlag: BoD · Books on Demand GmbH, Überseering 33,
22297 Hamburg, bod@bod.de

Druck: Libri Plureos GmbH, Friedensallee 273, 22763 Hamburg

ISBN: 978-3-8192-7667-5

INHALTSVERZEICHNIS

I

II

IV

Einleitung

Als die Begründer Richard Bandler (Mathematik Student und später Psychologe) und John Grinder (Linguistik Professor) das Neurolinguistische Programmieren entwickelten, haben sie eine ganz bestimmte Strategie verfolgt.
Sie kontaktierten Anfang der 70er Jahre die erfolgreichsten Psychotherapeuten Amerikas und fragten an, ob sie bei deren Therapien zusehen durften. Bei den Therapeuten handelte es sich um:

Virginia Satir (Psycho- und Familientherapeutin)
Milton Erickson (Psychologe, Psychiater, Psychotherapeut und Begründer der Hypnose)
Fritz Perls (Gestalttherapeut, war leider schon verstorben hinterließ aber Videomaterial)

John Grinder erwies sich als begnadeter Beobachter, dem noch so unscheinbare Details auffielen. Alles, was Richard Bandler und John Grinder während dieser Sitzungen auffiel wurde dokumentiert. Bleibt noch anzumerken, dass es keinen der Therapeuten bewusst war, was sie da taten. Es war ein unterbewusstes Verhalten der Therapeuten das den Beobachtern auffiel und dass sie in sogenannte Formate beschrieben.

Ihre Notizen wurden analysiert und genau beschrieben und in ihrem Buch mit dem Titel „The Structure of Magic" zusammengefasst. Das Buch war ein Verkaufsschlager und das Neuro Linguistische Programmieren war geboren.

Wenn ich gefragt werde, welcher Tätigkeit ich nachgehe antworte ich „Ich bin Lehrtrainer der Neuro Linguistischen Programmierung." Als Antwort kommt dann ganz schnell „Ah Computer." Ich stelle das dann immer richtig und brauche einige Anläufe, um das zu erklären.

Vor einiger Zeit hatte ich die Gelegenheit mich mit Richard Bandler via Zoom zu treffen. Natürlich habe ich ihn gefragt, wie es zu diesem seltsamen und holperigen Namen kam. Richard saß in seinem sehr großen klobigen Sessel mit Armlehnen in seinem Arbeitszimmer und lächelte verschmitzt, als er mir folgende Geschichte erzählte:

„Es war Anfang der 70er Jahre, John und ich arbeiteten gerade sehr intensiv mit Virginia (Virginia Satir). Virginia mochte es überhaupt nicht mit dem Auto zu fahren, also holte ich sie morgens ab und abends fuhr ich sie wieder nach Hause. Ich war damals noch Computerstudent und hatte demzufolge Programmierbücher im Fußraum der Beifahrerseite meines Weges liegen. Natürlich auch ein Buch von John (John Grinder) über Linguistik und da es mich sehr interessierte, wie das menschliche Gehirn funktioniert, auch einige Bücher über Neurologie. Eines Tages fuhr ich Virginia wieder nach Hause und wurde auf dem Rückweg von einem Polizisten wegen einer Verkehrskontrolle angehalten. Während der Polizist meinen Ausweis und meinen Führerschein kontrollierte, frage er nebenbei und etwas abwesend: „Was arbeiten Sie, Sir?" Ich blicke etwas hilflos zur Beifahrerseite und sah die Bücher im Fußraum liegen. So kam es das ich etwas überlegte und dann sagte "Ähh, Neuro-Linguistische Programmierung." Somit war der Name geboren."

Ein Wort der Verantwortung

Die in diesem Buch vorgestellten Kommunikationsmodelle und Techniken, wie das Meta- und Milton-Modell, sind mächtige Werkzeuge, die tief in die Wahrnehmung, Denkweise und emotionalen Zustände eines Menschen eingreifen können. Ihre Kraft liegt darin, Klarheit zu schaffen, Heilungsprozesse zu unterstützen und nachhaltige Veränderungen zu ermöglichen.

Doch mit großer Wirkung kommt auch große Verantwortung. Der Unterschied zwischen hilfreicher Einflussnahme und manipulativer Steuerung liegt in der Intention und der ethischen Haltung des Anwenders. Dieses Buch wurde geschrieben, um Heilpraktikern, Ärzten und Therapeuten zu helfen, ihre Patienten besser zu verstehen und sie in ihrer Selbstbestimmung zu stärken. Es ist jedoch entscheidend, dass die hier vermittelten Techniken stets im Sinne des Wohls des Patienten angewendet werden.

Manipulative Anwendung ist nicht Ziel dieser Methoden und widerspricht ihrem eigentlichen Zweck. Jeder Einsatz sollte von den Grundsätzen der Achtsamkeit, des Respekts und der Integrität geleitet sein.

Stell dir bei jeder Anwendung die Frage: „Dient das, was ich tue, dem Wohl meines Patienten? Fördert es seine Selbstbestimmung, sein Vertrauen und seine Gesundheit?" Nur wenn du diese Fragen mit einem klaren „Ja" beantworten kannst, solltest du die Techniken einsetzen.

Dieses Kapitel soll als Wegweiser dienen, um den achtsamen und verantwortungsvollen Umgang mit Sprache zu reflektieren.

Lass uns gemeinsam dafür sorgen, dass Kommunikation zu einem Werkzeug des Vertrauens, der Heilung und der Menschlichkeit wird.

Nico Pirner

Was ist NLP?

Das Neuro Linguistische Programmieren bietet einen wahnsinnig bunten Strauß an Formaten und Techniken. So ist es nicht gerade einfach zu erklären, was das NLP eigentlich ist. Ich habe versucht es in einem Satz zusammen zu packen:

Neuro-Linguistisches Programmieren (NLP) ist eine Methode, die sich mit der Verbindung zwischen neurologischen Prozessen, Sprache und erlernten Verhaltensmustern befasst.

Ja das klingt etwas kryptisch beschreibt es aber ganz gut.

Etwas ausführlicher würde ich es dann so beschreiben:

„Neuro" bedeutet, dass es um dein Gehirn geht – es geht um Gedanken und Emotionen

„Linguistisch" bedeutet, dass es um Sprache geht – hierbei geht es um eine gute Kommunikation mit anderen, aber auch mit sich selbst.

„Programmieren" heißt, dass du die Art und Weise, wie du denkst oder reagierst, ändern kannst. Hierzu gibt es Formate, mit denen du das bearbeiten kannst.

Etwas detaillierter sorgt das NLP für:

1. Bessere Kommunikation

Rapport aufbauen: Verstehen, wie man Vertrauen und eine gute Verbindung zu anderen Menschen herstellt. Dies ist besonders nützlich in beruflichen und privaten Gesprächen.

Präzise Sprache verwenden: Durch Modelle wie das Meta-Modell der Sprache lernst du, unklare oder ungenaue Aussagen zu hinterfragen, um Missverständnisse zu vermeiden.

Beeinflussende Sprache einsetzen: Das Milton-Modell hilft dir, Sprache bewusst so zu gestalten, dass sie motivierend, überzeugend oder beruhigend wirkt.

2. Emotionen regulieren

Zustände verändern: NLP-Techniken wie Anker setzen helfen, dir dich in gewünschte Gefühlszustände zu versetzen (z. B. gelassener vor einer Präsentation oder selbstbewusster in einem schwierigen Gespräch sein).

Stress und Ängste bewältigen: Negative Emotionen können durch gezielte Übungen wie Reframing (Umdeuten) oder das Arbeiten mit Submodalitäten (Details von Gedankenbildern) abgebaut werden.

3. Persönliche Weiterentwicklung

Selbstbewusstsein stärken: Indem du einschränkende Glaubenssätze erkennst und durch positive Überzeugungen ersetzt.

Ziele setzen und erreichen: Klare Zieldefinitionen und die Arbeit mit inneren Strategien ermöglichen dir eine zielgerichtete Umsetzung.

Blockaden lösen: Unerwünschte Verhaltensweisen oder Denkmuster können durch NLP-Techniken wie das „Swish"-Format oder Timeline-Arbeit verändert werden.

4. Bessere Wahrnehmung

Sensorische Schärfe entwickeln: NLP trainiert, nonverbale Signale wie Körpersprache oder Sprachmuster anderer bewusster wahrzunehmen.

Wahrnehmungspositionen einnehmen: Lerne, Situationen aus verschiedenen Perspektiven zu betrachten (eigene Sicht, Sicht der anderen, neutralen Sicht), um mehr Verständnis und Flexibilität zu gewinnen.

5. Effektives Lernen

Lernstrategien optimieren: NLP hilft, eigene Denk- und Lernprozesse zu analysieren und zu verbessern.

Kreativität steigern: Durch Techniken wie das Arbeiten mit Metaphern oder das bewusste Verändern innerer Bilder lassen sich neue Lösungsansätze entwickeln.

6. Beziehungen verbessern

Empathie fördern: NLP lehrt, sich besser in andere hineinzuversetzen und deren Bedürfnisse zu verstehen.

Konflikte lösen: Durch bewusstes Kommunizieren und das Finden gemeinsamer Werte können Spannungen reduziert werden.

7. Selbstmanagement

Inneren Kritiker zähmen: NLP-Techniken helfen, selbstsabotierende Gedanken in unterstützende, konstruktive Dialoge umzuwandeln.

Motivation steigern: NLP ermöglicht, innere Ressourcen zu aktivieren und langfristig dranzubleiben.

Fazit

NLP ist wie eine Anleitung für den bewussten Umgang mit den eigenen Denk- und Verhaltensmustern. Es ermöglicht dir, die „Software" des eigenen Geistes zu verstehen und so zu verändern, dass du zielgerichteter, effektiver und mit mehr Freude durchs Leben gehst. Es bietet Werkzeuge für die persönliche Entwicklung, bessere Beziehungen und erfolgreiches Handeln in fast allen Lebensbereichen.

Vertrauen aufbauen

Der Spruch „Gleich und Gleich gesellt sich gern" hat durchaus eine wichtige Bedeutung. Wenn Menschen einen Draht zueinander gefunden haben, gleichen sie sich unterbewusst an. Eine gewisse Sympathie entsteht immer dann, wenn zwei Individuen etwas „gemeinsam" haben. Vielleicht kennst du das auch? Ich kann mich noch sehr gut zurückerinnern, als ich vor einigen Jahren zu einem, neu zusammengestellten Projektteam mit über achtzig Teilnehmern aus ganz Deutschland nach Serbien abberufen wurde. Da stand ich nun, mutterseelenallein in einer riesigen Halle mit all den Kolleginnen und Kollegen, die ich nie zuvor in meinem Leben gesehen hatte. Als ich dann zufällig mit jemanden ins Gespräch kam, der auch aus Bayern war, spürte ich plötzlich diese Verbundenheit. Plötzlich versteht man sich und stellt fest, dass ein Bundesland verbinden kann. Sicher kennst du das auch. Du bist im Urlaub und erfährst von den Urlaubern am Nebentisch, dass sie aus deiner Stadt kommen. Da kommt man gleich viel einfacher ins Gespräch. Es entsteht etwas Vertrautes, eine Bindung.

Jetzt kannst du aber deine Patienten nicht immer nach ihrem Geburtsort fragen und hoffen, dass auch du da geboren wurdest.

Ist einem der Patient von Anfang an sympathisch, fällt es einem leicht einen, guten Draht zu ihm aufzubauen. Auf der anderen Seite gibt es aber auch Patienten, die so ganz anders „ticken", und du spürst innerlich, dass dir dieser Mensch nicht so liegt. Stellen wir uns vor, der Patient hat das gleiche seltsame Gefühl, wenn er zu dir in die Praxis kommt. Vielleicht denkt er dann ja

„Hmm, der Heilpraktiker liegt mir aber gar nicht." Damit es gar nicht erst so weit kommt, verwenden wir eine bestimmte NLP-Technik die aus Pacen, Rapport, Leaden und Kalibrieren besteht.

Diese Technik kommt zwar einfach daher, wenn man liest um was es geht, setzt aber sehr viel Feingefühl und Erfahrung voraus.

Pacen

Definition:

Unter Pacing versteht man das bewusste und unbewusste Angleichen des Ausdrucksverhaltens an eine oder mehrere Personen zwecks Optimierung der Kommunikation.

Stelle dir folgende Situation vor: Du sitzt im Café, am Nebentisch fällt dir ein Paar auf. Sie sprechen nicht sehr laut, hin und wieder hörst du die Frau kichern und dir fällt auf, dass wenn du zu ihnen hinübersiehst, sie dich gar nicht wahrnehmen. Beide sitzen mit übereinandergeschlagenen Beinen am Tisch. Er nippt an seinem Kaffee, ein paar Sekunden später hebt auch die Frau ihre Tasse und trinkt. Ihre Körper sind beide in der gleichen Haltung und ihre Bewegungen folgen einander. Sie sprechen in der nahezu in der gleichen Lautstärke. Ja, selbst die Atmung scheint bei den beiden synchron zu verlaufen. Das ständige Angleichen der Körperhaltung, die gleiche Lautstärke, mit der sie sprechen und das Angleichen der Atmung, ist reines Pacing. Bei Verliebten geschieht das automatisch und ich hoffe es hält noch sehr lange bei den beiden an. Irgendwann sitzen beide vielleicht im Cafe und nur noch mit sich und ihrem Smartphone beschäftigt, irgendwann. Aber das ist Anti-Pacing, und eine andere Geschichte.

Das bewusste Angleichen ist also Pacing. Dieses Pacing erfolgt etwas zeitversetzt und ist vorsichtig zu handhaben. Wird es nicht gut gemacht, bekommt der Patient schnell das Gefühl, dass du ihn nachäffst.

Was kann alles gepaced werden?

Körperhaltung: Muskeltonus, Gestik, Kopfhaltung, Beinstellung, Stand, Rumpfhaltung, Hände, Finger

Körperbewegungen: Geschmeidigkeit, Tempo, Rhythmus, Intensität, Richtung, Timing

Körperspannung: locker, verkrampft angespannt, wechselhaft unruhig

Mimik Ausdruck: Blickrichtung, Lächeln, Spannung, Lebendigkeit

Schlüsselwörter: Wenn der Patient von einer Last spricht, verwendest du auch das Wort Last im weiteren Gespräch und sprichst nicht von einem Leiden.

Gesprächsinteressen: Aktuelle Geschehnisse, eigene Erlebnisse, Wünsche oder Probleme, Gemeinsamkeiten

Kommunikationsklima: Oberflächlichkeit, Tiefgang, Geschwindigkeit, Offenheit, Zusammenhang, Sprünge

Atmung: Bauchatmung (tief), Brustatmung (hoch) Intensität, Rhythmus, Pausen, kurz, lang

Wenn du dich darauf einlässt, hast du bereits jetzt die ersten Erkenntnisse über deinen Patienten. Warum ist das so? Als ich vor einiger Zeit Vorstellungsgespräche für ein großes Unternehmen im Bereich Callcenter führte, fiel mir das schlagartig auf. Ich saß einer Bewerberin gegenüber und hatte ihre Körperhaltung, Körperspannung und ihre Atmung gepaced. Plötzlich fühlte ich mich sehr unruhig und mein Körper begann an manchen Stellen leicht zu ziehen. Nach 10 Minuten fragte ich die Frau, ob sie nervös sei. Darauf sagte sie „Sie haben ja keine Ahnung wie es mir gerade geht. Ich halte die Nervosität kaum noch aus und ich bin kurz davor hier schreiend weg zu laufen". Wir machten drauf hin eine kurze Pause und die Dame trank ein paar Schluck Wasser. Du kannst jetzt sagen „Ja das sieht man doch ob die Person nervös ist oder nicht." Glaube mir, in dieser Intensität, wie beim Pacing wirst du es anders nicht spüren. Vielleicht fällt es dir auch nur unterbewusst auf, du sprichst es aber aus irgendeinem Grund nicht an. Beim Pacing spürst du die Gefühle deines Gegenübers und sobald es sich auf dich überträgt, sprichst du es an.

Rapport

Definition:
Rapport ermöglicht es, eine tiefe und vertrauensvolle Beziehung zu schaffen, die die Grundlage für effektive Kommunikation, Zusammenarbeit und Veränderungsarbeit bildet. Im therapeutischen Kontext, wie bei Heilpraktikern und Ärzten, dient

Rapport dazu, den Patienten ein Gefühl von Sicherheit und Verständnis zu vermitteln, um so den Heilungsprozess zu fördern. Denken wir zurück an unser Paar im Café, beide sind sozusagen im mentalen Gleichschritt unterwegs. Sobald Rapport zwischen dem Patienten und dir besteht, kannst du die Führung übernehmen.

Kennzeichen für guten Rapport sind:
Positive Beziehungsebene
Achtung vor dem Anderen
Wertschätzung
Angenehmer Gesprächsfluss
Synchronizität der Bewegungen
Fokussieren auf Gemeinsamkeiten
Humor, ehrliches, gemeinsames Lachen
Lebendige Kommunikation
Teamgeist, Wir-Gefühl, Solidarität
Kompromissbereitschaft
Flexibilität

Leading

Definition:
Leading bedeutet, die Aufmerksamkeit, Wahrnehmung oder Reaktionen eines anderen bewusst zu beeinflussen, nachdem man zunächst eine vertrauensvolle Basis (Rapport) aufgebaut hat.
Sobald du Rapport hergestellt hast, kannst du beginnen, deine Körperhaltung zu verändern. Wenn du vorgebeugt bist, kannst

du den Oberkörper nach hinten lehnen. Du kannst deine Beine überschlagen oder die Arme in eine andere Position bringen. Im NLP sagt man es wird eine „Lead" gesetzt. Jetzt achtest du darauf ob dir der Patient folgt, d.h. der Patient gleicht nun unbewusst seine Körperhaltung an deine an. In diesem Zustand ist der Patient vollkommen bei dir und für wichtige Informationen empfangsbereit.

Natürlich kommt es immer wieder zum Bruch des Rapports das gleichst du durch Kalibrieren aber wieder aus. Du startest das Pacen wieder von vorne.

Wenn das gut gemacht wird, geht der Patient aus deiner Praxis und denkt so bei sich: „Irgendetwas hat er, der Typ ist auf eine gewisse Art sehr sympathisch."

Pacing

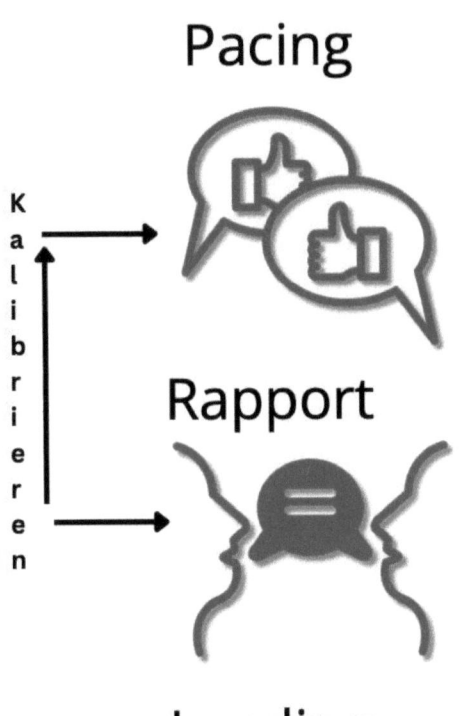

Sich angleichen/Spiegeln
den Anderen abholen.

**-Gleich und Gleich
gesellt sich gerne**

K
a
l
i
b
r
i
e
r
e
n

Rapport

gleiche Wellenlänge
guter Draht

Sicherheit/Vertrauen

Leading

etwas ändern
und "führen"

**-Unterschiede
ziehen sich an**

VAKOG

Eine weitere Möglichkeit den Rapport zum Patienten zu intensivieren ist das Herausfinden des primären Repräsentationssystems. Menschen bevorzugen unterschiedliche Repräsentationssysteme. Genau das ist im NLP mit VAKOG gemeint.

V - visuell
A – auditiv
K – kinästhetisch
O – olfaktorisch
G – gustatorisch

Hier sind einige Beispiele, die sich auf die menschliche Kommunikation beziehen.

Anita (visuell) – Peter (auditiv)

Anita war sauer und sagte zu ihrem Mann: "Ganz egal was ich sage, du hörst mir einfach nicht zu. Da macht es doch keinen Unterschied, ob ich mit dir oder mit einer Parkuhr spreche." Peter erwidert darauf: „Das stimmt nicht, ich höre dir sogar sehr aufmerksam und genau zu."
Und genau so ist es. Peters primäres Repräsentationssystem ist auditiv, Anitas primäres Repräsentationssystem ist visuell. Die Tatsache, dass Peter Anita nicht ansieht, wenn sie spricht, signalisiert Anita, dass er nicht zuhört.

Anna (auditiv) – Florian (visuell)

Anna trifft sich zu einem vertraulichen Gespräch mit ihrer Freundin Birgit. Traurig offenbart sie sich ihrer Freundin: „Ich weiß nicht, ob Florian mich liebt." Birgit sieht sich im Haus von Anna um und meint anerkennend: „Naja, Florian hat dir deine komplette Wunschküche eingerichtet und auch sonst im Haus alle Regale und notwendigen Dinge für dich installiert." Darauf meint Anna: „Stimmt und das ist ja auch alles schön und gut, aber das heißt noch lange nicht das er mich liebt."
Anna erwartet das Florian ihr sagt das er sie liebt, stattdessen versucht er ihr es mit den visuellen Dingen zu zeigen.

Lob für einen Mitarbeiter (kinästhetischer Mitarbeiter)

Da staunte der Abteilungsleiter nicht schlecht, als ihn sein bester Mitarbeiter wie aus heiterem Himmel die Kündigung überreichte. Als der Personalleiter davon erfuhr, ging er zum Mitarbeiter, um die Gründe für seine Kündigung zu erfahren. Der Mitarbeiter gab als Grund an, dass es in diesem Umfeld seitens seines Chefs nie Anerkennung gegeben habe. Als der Personalleiter mit dieser Information zum Abteilungsleiter ging, fiel der aus allen Wolken. Der Abteilungsleiter erklärte daraufhin sehr deutlich dem Personalleiter wie sehr er dem Mitarbeiter immer erklärt habe wie wichtig er sei und dass ohne ihn die Projekte nicht so reibungslos laufen würden. Als der Personalleiter diese Aussagen dem Mitarbeiter vortrug, winkte der nur müde ab und sagte: „Der kann ja viel sagen, wenn der Tag lang ist."
Dieser Mitarbeiter hätte als Anerkennung einen anerkennenden Blick mit einem festen Händedruck gebraucht, oder einfach nur ein Schulterklopfen.

VAK-Lerntypen

Menschen lernen auf unterschiedliche Weise. Die einen nehmen das Wesentliche visuell auf die anderen lernen besser über das Hören. Wieder andere müssen das Thema sprichwörtlich begreifen. Dies hat sich auch bis zur Pädagogik herumgesprochen. Leider sitzen noch immer Kinder in ihren Klassenzimmern und sehen sich in Büchern Bilder über einen Baum an, während vor dem Fenster eine riesige Eiche zu sehen ist. So ein Baum lässt sich mit allen Sinnen begreifen, solange er nicht als Bild in einem Buch betrachtet wird.

VAKO im Verkauf

Gut geschulte Autoverkäufer gehen mit dir zu deinem Traumwagen und feuern aus allen VAKO-Rohren.

„Ja, bei diesem Modell hat man auf das abgerundet Design geachtet und es wurde auch sehr elegant umgesetzt." (visuell)

„Soll ich mal den Motor anlassen?" Möchten Sie die neu konzipierte Musikanlage einmal testen?" (auditiv)

„Streichen Sie mal über die Sitze, na wie fühlt sich das an?" (kinästhetisch)

„Ach ich liebe immer den Geruch von neuen Autos, das hat schon was, finden sie nicht auch?"

Was können Ehemänner aus dem Verhalten des Autoverkäufers lernen?

Wenn du das nächste Mal deiner Frau Blumen (visuell) mitbringst, dann überreiche sie ihr nicht nur, sondern nimm sie in den Arm (kinästhetisch) und sage ihr wie sehr du sie liebst (auditiv), sie wird beim Schnuppern an den Blumen lächelnd die Augen schließen (olfaktorisch). WOW! Alles klar? Jetzt weißt du auch, warum manche NLP-Schulen auch Flirtkurse anbieten.

Im Patientengespräch ist es aber nicht notwendig mit allen Repräsentationssystemen zu jonglieren. Es gibt zwei Möglichkeiten, um herauszufinden welche Wahrnehmungsebene der Patient bevorzugt. Die eine ist das Hören, die andere das Sehen. Beide werde ich dir hier zeigen. Wir starten mit dem Hören.

Wenn du darauf achtest, wie Menschen Wörter benutzen, kannst du daraus ableiten in welchem bevorzugten Repräsentationssystem sie sich befinden. Achte darauf, welche Verben, Adverbien und Adjektive (Im NLP-Prädikate genannt) sie verwenden.

Auf der nächsten Seite findest du Beispiel-Prädikate, an denen du das primäre Repräsentationssystem deines Patienten identifizieren kannst.

Visuell	Auditiv	Kinästhetisch	Olfaktrisch Gustatorisch
gucken	Sagen	das Gefühl	bitter
Hell	sein	haben	stinken
Ausmalen	Sprüchlein	Kraft haben	es stinkt mir
ein Auge	aufsagen	vor Schmer-	schmecken
voll	wie gesagt	zen	frisch
abschätzen	himmlische	krümmen	die Nase voll
auf einen	Ruhe	verletzlich	haben
Blick	quacken	werden	die Schnauze
Sicht	in Anspruch	Kontakt su-	voll haben
Bedeuten	nehmen	chen	etwas wittern
Offen	Ins Wort fal-	begreifen	die Na-
Äußerlich	len	Halten	serümpfen
ins Auge	überhören	warm	nach Gefahr
fallen	murmeln	kneten	rlechen abge-
schauen	Hörerschaft	Schuld-	schmackt
schwarzse-	Knistern	gefühle ha-	riechen ver-
hen	Hören	ben	sessen
ins Auge	etwas ab-	den Faden	verduftet
fassen	sprechen	verlieren	geschmacklos
Versehen	ruhig	entspannt	fade
Einsehen	bellen	sein	dufte
Augemerk	Rückruf	handhaben	anrüchig
Glotzen	Ruhe geben		Spürnase
erkennen			

Als Heilpraktiker, Arzt, Gesundheitscoach oder Therapeut ist es wichtig, zu erkennen, ob ein Patient vorwiegend visuell, auditiv oder kinästhetisch "unterwegs" ist, weil die bevorzugte Wahrnehmung des Patienten direkten Einfluss auf die Kommunikation, das Vertrauen und die Behandlungserfolge hat.

Nachfolgend habe ich die Gründe im Detail für dich zusammengefasst:

Verbesserung des Rapports (Vertrauensaufbaus):

Visuelle Patienten: Schätzen klare, bildhafte Beschreibungen: „Stellen Sie sich vor, wie es aussieht, wenn...".

Auditive Patienten: Reagieren gut auf eine ruhige, klangvolle Stimme und verbale Erklärungen: „Hören Sie genau hin, wie Ihr Körper darauf reagiert."

Kinästhetische Patienten: Mögen Berührungen, Empfindungen und praktische Anweisungen: „Spüren Sie, wie Ihr Atem tiefer wird."

Effektive Informationsvermittlung:

Während der Behandlung gibst du Ratschläge, erklärst Zusammenhänge oder vermittelst wichtige Übungen. Wenn du diese Informationen in der bevorzugten Repräsentationssystem des Patienten vermittelst, werden sie besser verstanden und behalten.

Visuelle Patienten: Bevorzugen Diagramme, Zeichnungen oder bildhafte Beschreibungen.

Auditive Patienten: Profitieren von ausführlichen Erklärungen und einem ruhigen Gespräch.

Kinästhetische Patienten: Verstehen besser durch praktische Anleitungen oder durch das Erleben von Berührungen.

Ich hatte dir versprochen, dass es noch eine Möglichkeit gibt zu erkennen, in welchem primären Repräsentationssystem dein Patient sich befindet. Gerade ging das über das Hören, im nächsten Kapitel wollen wir uns damit beschäftigen, wie du es sehen kannst.

Augenzugangshinweise

Definition:

Nach den Beobachtungen von Richard Bandler und John Grinder geben die Augenzugangshinweise Hinweis auf die Art der inneren Repräsentation. Bandler und Grinder haben festgestellt, dass Menschen ihre Augen in einer bestimmten Weise bewegen, wenn sie auf äußere Reize reagieren und in einer anderen Weise, wenn sie sie intern verarbeiten. Diese Hinweise können Menschen in Heilberufen helfen, besser zu verstehen, wie ihre Patienten Informationen verarbeiten und auf welche Weise sie auf Fragen reagieren. In der Kommunikation unterstützen die Augenzugangshinweise, den Heilpraktiker, zusätzliche Informationen zu kommen. Pacing, Rapport und Leading werden entscheidend vereinfacht.

Es ist eine Disziplin, die so genial wie auch mit viel Feingefühl zu absolvieren ist. Augenzugangshinweise sind ein geniales Instrument, wenn es darum geht zu sehen, wo sich dein Patient gerade gedanklich befindet. Anhand der Augen kannst du nicht nur feststellen in welchen Repräsentationssystem dein Patient sich befindet, du kannst auch sehen, ob er das von dir Gesagte gerade nachspürt oder gerade etwas mit sich selbst ausmacht. Vorab eine Warnung. Die Augenzugangshinweise werden immer dann ausgepackt, wenn das NLP in ein sehr schlechtes Licht gerückt werden soll. Wenn man das NLP vernichtend schlagen möchte und als nicht wissenschaftlich belegt und sogar als Parawissenschaft einstufen möchte. Es wird uns immer unterstellt, dass wir behaupten es sei bei allen Menschen gleich. Wie du bereits aus den Kapiteln Pacen, Rapport und Leaden weißt, setzt dies immer ein gutes Kalibrieren voraus. Wir wissen, dass dies nicht bei jedem Menschen gleich ist. Außerdem sagen wir in diesem Kontext nicht A=B sondern fragen die Person ob wir mit unserer Einschätzung richtig liegen. Nur so gelingt es auch die Augenzugangshinweise richtig zu deuten.

Augenzugangshinweise vom Betrachter ausgesehen.

Visuell konstruiert (Vk): Augen bewegen sich nach oben links. Dies weist darauf hin, dass die Person visuelle Bilder konstruiert.

Visuell erinnert (Ve): Augen bewegen sich nach oben rechts Dies zeigt, dass die Person sich an visuelle Bilder erinnert.

Auditiv konstruiert (Ak): Augen bewegen sich horizontal nach links. Dies deutet daraufhin, dass die Person neue auditive Signale konstruiert.

Auditiv erinnert (Ae): Augen bewegen sich horizontal nach rechts. Dies zeigt, dass die Person sich an Auditive Signale erinnert.

Kinästhetisch (IG): Augen bewegen sich nach unten links. Dies weist auf kinästhetische Empfindungen, Emotionen oder körperliche Erinnerungen hin.

Innerer Dialog (Id): Augen bewegen sich nach unten rechts. Dies zeigt an, dass die Person sich in einem inneren Dialog befindet.

Das geniale an den Augenzugangshinweisen ist, dass du sofort in der Praxis mit deinen Patienten beginnen kannst dies zu testen. Taste dich bitte langsam heran, es dauert etwas, bis es sozusagen in Fleisch und Blut übergeht. Du kannst die Augenzugangshinweise auch gleich mit einem Freund oder Freundin auf eine lustige Art und Weise testen. Hier sind ein paar Fragen damit du gleich loslegen kannst.

Fragen, um die die visuellen Augenzugangshinweise zu testen:

Stelle Dir ein grünes Pferd vor. (Vk)
Welche Augenfarbe hat Deine Mutter? (Ve)
Kannst Du Dir vorstellen, wie Du in 20 Jahren aussiehst? (Vk)
Wie viele Fenster hat Deine Wohnung? (Ve)
Welche Farbe hatte Dein erstes Auto? (Ve)

Fragen, um die die auditiven Augenzugangshinweise zu testen:

Summe Dein Lieblingslied im Inneren. (Ae)
Welche Dir bekannte Stimme magst Du? (Ae)
Höre Deine Türklingel im Inneren. (Ae)
Erinnere Dich an Dein letztes wichtiges Gespräch und höre es im Inneren. (Ak)
Sage im Inneren ganz laut „ja". (Ak)
Stell dir vor, deine eigene Stimme würde plötzlich ganz anders klingen – vielleicht wie eine berühmte Persönlichkeit oder ein Roboter. Wie würde sich das anhören? (Ak)

Fragen, um die die kinästhetischen Augenzugangshinweise zu testen:

Wie fühlt sich Dein rechter Zeh an? (IG)

Wie fühlst Du Dich, wenn Du selbstbewusst bist? (IG)

Welche Hand ist kälter, Deine rechte oder Deine linke Hand? (IG)

Wie fühlt sich Dein Körper an, wenn Du aufgeregt bist? (IG)

Kannst Du Dir vorstellen, unter einer eiskalten Dusche zu stehen? (IG)

Wenn du gerade über eine wichtige Entscheidung nachdenkst – welche Argumente würdest du dir selbst sagen, um dich zu überzeugen? (ID)

„Achte mal einen Moment auf deine Gedanken – was sagt die Stimme in deinem Kopf gerade zu dieser Frage? (ID)

Legende:

Visuell erinnert = Ve

Visuell konstruiert = Vk

Auditiv erinnert = Ae

Auditiv konstruiert = Ak

Innerer Dialog = ID

Im Gefühl sein = IG

Praktische Beispiele zu Augenzugangshinweisen

Verständnis für den Denkprozess des Patienten entwickeln:

Wenn der Patient nach oben rechts schaut, erinnert er sich möglicherweise an eine visuelle Szene oder Situation. Dies kann darauf hinweisen, dass visuelle Erinnerungen eine Rolle bei seinen aktuellen Symptomen spielen.

Heilpraktiker: „Können Sie sich erinnern, wann Ihre Symptome das letzte Mal auftraten?"

Patient schaut nach oben rechts.

Heilpraktiker: „Was genau haben Sie damals gesehen oder erlebt?"

Aufbau von Rapport und Vertrauen:

Indem der Heilpraktiker die bevorzugten Denkweisen des Patienten erkennt, kann er seine Sprache und Fragestellung anpassen. Dies hilft, das Vertrauen des Patienten zu stärken.

Patient sieht oft nach unten links (kinästhetisch).

Heilpraktiker: „Wie fühlen Sie sich, wenn Sie diese Symptome erleben? Können Sie die körperlichen Empfindungen beschreiben?"

Erkennen von Unstimmigkeiten:

Wenn die verbale Aussage des Patienten nicht mit den Augenzugangshinweisen übereinstimmt, kann dies auf Unstimmigkeiten oder Unsicherheiten hinweisen. Dies Kannst du nutzen, um weiter nachzufragen und Klarheit zu schaffen.

Patient: „Ich höre oft ein Klingeln in meinen Ohren." Patient schaut nach oben links (visuell konstruiert) statt horizontal nach rechts (auditiv erinnert).

Heilpraktiker: „Erinnern Sie sich an bestimmte Situationen, in denen das Klingeln auftrat? Was haben Sie in diesen Momenten gehört oder gesehen?

Risiken im Umgang mit Augenzugangshinweisen

Verwende den Umgang mit Augenzugangshinweisen immer wohl dosiert und dezent. Zu sagen: „Ich sehe gerade das Sie sich ein Bild in Erinnerung rufen." Verstört den Patienten nur. Sobald die Frage kommt: „Bin ich so leicht durchschaubar?" hast du zwar einen machtvollen Moment, bekommst dann aber Skepsis statt Vertrauen entgegengebracht. Nachfolgend noch weitere Risiken auf die du achten solltest im Umgang mit den Augenzugangshinweisen.

Falschinterpretation:
Die Hinweise sind nicht immer eindeutig und können missverstanden werden.
Überforderung des Patienten:
Zu viel Fokus auf Augenbewegungen kann den Patienten verunsichern.
Abhängigkeit von Technik:
Nutze die Augenzugangshinweise nicht ausschließlich bei der Anamnese, sondern nutze sie lediglich als Ergänzung.

Die Landkarte ist nicht das Gebiet

In Köln heißt es: „Jeder Jeck ist anders". Und so ist es letztendlich auch. Nur warum eigentlich? Weil jeder die Realität auf seine ganz spezielle Weise wahrnimmt. Was Menschen für ihre Realität halten, ist letztendlich das Ergebnis einer Konstruktion aus persönlichen Sinnesreizen und Gedächtnis.
Hier ein Beispiel das dies verdeutlichen soll. Stelle dir folgende Situation vor. Zwei Autos fahren hintereinander als plötzlich ein Hund vor das vordere Auto auf die Straße springt. Das Fahrzeug macht eine Vollbremsung und der Hund rennt einfach weiter. Das nachfolgende Fahrzeug fährt nun aber auf das vordere Fahrzeug auf. Als die Polizei zur Unfallstelle eintrifft befragt sie fünf Zeugen.

Zeuge Nr. 1 (Tierliebhaber)
Filter: Hohe Wertschätzung für Tiere, Fokus auf das Wohl des Hundes.

Aussage:
„Der Hund war eindeutig in Gefahr! Das vordere Auto hat genau richtig reagiert, indem es sofort gebremst hat. Das hätte böse für den Hund ausgehen können. Zum Glück ist er unverletzt davongekommen. Der Fahrer des hinteren Autos hätte mehr Abstand halten müssen – es ist doch klar, dass man in so einer Situation sofort bremst, um ein Leben zu retten!"

Zeuge Nr. 2 (Angst vor Hunden)
Filter: Traumatische Erfahrung mit Hunden, Fokus auf eigene Angst.

Aussage:
„Plötzlich war dieser Hund auf der Straße – es war ein Schock! Ich habe sofort Angst bekommen, dass er bei mir ans Auto springt oder mich irgendwie in Gefahr bringt. Der Fahrer des vorderen Autos hat eine Vollbremsung gemacht, aber ich hätte an seiner Stelle wohl nicht so reagiert, weil Hunde unberechenbar sind. Der Unfall wäre vielleicht vermeidbar gewesen, wenn er vorsichtiger gefahren wäre oder nicht so abrupt gebremst hätte."

Zeuge Nr. 3 (Abneigung gegen die Marke Fiat)
Filter: Vorurteile gegenüber der Marke Fiat, Fokus auf dem auffahrenden Auto.

Aussage:

„Tja, das hintere Auto war ein Fiat – typisch, diese Marke bringt ja immer Probleme mit sich! Der Fahrer hat wohl nicht richtig reagiert, als das vordere Fahrzeug gebremst hat. Wahrscheinlich war der Fiat-Fahrer unaufmerksam, anders kann ich mir das nicht erklären. Das vordere Auto hat völlig zurecht gebremst, der Hund war ja mitten auf der Straße. Aber bei einem Fiat wundert mich das Chaos nicht."

Zeuge Nr. 4 (Glaubenssatz: Frauen können nicht Autofahren)
Filter: Vorbehalte gegenüber Frauen als Fahrerinnen.

Aussage:

„Na ja, was soll man sagen? Eine Frau am Steuer – das erklärt ja schon einiges. Die hat sicher überreagiert, wie Frauen es halt oft tun. Klar, der Hund war auf der Straße, aber hätte sie nicht anders reagieren können, anstatt so abrupt zu bremsen? Der Unfall wäre bestimmt vermeidbar gewesen, wenn jemand mit mehr Fahrkompetenz hinterm Lenkrad gesessen hätte."

Das schreit nach einem Ausgleich, finde ich. ☺

Zeuge Nr. 5 (Frau mit Vorurteilen gegenüber dem Fahrstil von Männern)
Filter: Männer fahren rücksichtslos und aggressiv, Fokus auf die Schuld des auffahrenden Fahrers.

Aussage:

„Das hintere Auto wurde von einem Mann gefahren – das sagt doch schon alles. Männer fahren einfach viel zu nah auf und denken, sie könnten jede Situation beherrschen. Kein Wunder, dass es zu einem Unfall gekommen ist. Die Frau im vorderen Auto hat völlig richtig reagiert, um den Hund zu schützen. Aber der Mann hinter ihr war wohl wieder mal zu schnell und zu selbstsicher, um den Abstand einzuhalten. Typisch – immer glauben, sie hätten alles im Griff, und dann passiert sowas."

Herzlichen Glückwunsch!
Damit bist du beim Kommunikationsmodell des NLP angekommen.
Wie du bei den unterschiedlichen Zeugenaussagen herauslesen kannst, beschreibt das Kommunikationsmodell des NLP:

Wie unsere Wahrnehmung von Informationen durch soziale Filter beeinflusst wird, die unsere objektive Sicht (genannt die Landschaft) verändern."

Metaphorisch könnte man auch sagen:
Jede Information ist wie ein Stein, der ins Wasser fällt - die Wellen, die entstehen, werden von unseren sozialen Erfahrungen geformt.

Nähern wir uns dem Thema also an.

Soziale Einschränkungen

Unsere Sicht auf die Welt wird unweigerlich durch die Werte und kulturellen Normen geprägt, die uns umgeben. Sie wirken wie Filter, die bestimmen, was wir als wichtig oder richtig erachten. Diese Filter geben uns Orientierung. Allerdgins schränken sie uns auch ein und machen uns blind für alles, was außerhalb unsere Kultur-Kreislinie sich befindet.

Werte legen fest, was wir priorisieren. In einer Gesellschaft, die Familie hoch wertschätzt, ordnen wir persönliche Ziele häufig den Bedürfnissen unserer Angehörigen unter. In einer Kultur, die Erfolg und Wettbewerb zelebriert, sehen wir uns vielleicht unter Druck, stets der Beste sein zu müssen. Dabei vergessen wir oft, dass diese Maßstäbe von außen kommen – nicht von uns selbst. Schon als kleines Kind ist über das Umfeld vorgegeben, was dieses Kind hört, sieht und was es an Zuneigung bekommt. Hier wird der Grundstein für das künftige Leben gelegt. Die sozialen Einschränkungen bestimmen somit für was wir im Leben offen und für was wir verschlossen sind.

Hier einige Beispiele für soziale Einschränkungen und Erweiterungen:

Ein Indianerstamm, der nur drei Worte für Farben hat, lebt in Pirahã. Sie leben im Amazonasgebiet in Brasilien. Ihr Sprachsystem ist einzigartig und umfasst nur sehr wenige Begriffe für Farben, typischerweise nur Wörter für "hell" (beispielsweise "hell wie Weiß"), "dunkel" (beispielsweise "dunkel wie Schwarz"), und "rot".

Dabei kann das menschliche Auge ca. 7.500 Farbnuancen erkennen.

Die Eskimos haben ca. 70 unterschiedliche Worte für Schnee

Unsere Sinne filtern die Realität

Unser Gehirn ist ein Meister der Selektion. Jede Sekunde prasseln unzählige Eindrücke auf uns ein – geschätzt etwa 11 Millionen Bits an Informationen. Diese Datenflut stammt von unseren fünf Sinnen: wir sehen, hören, fühlen, riechen und schmecken. Doch so viel Input kann unser Bewusstsein gar nicht bewältigen. Es bleibt nur ein Bruchteil übrig – etwa 50 Bits, die wir tatsächlich bewusst wahrnehmen können.

Unser Gehirn muss nun Ordnung in diesem Chaos schaffen. Es entscheidet, was wichtig ist und was ignoriert werden kann. Ohne diese neurologischen Filter würden wir in der schieren Menge an Eindrücken ertrinken. Stell dir vor, du sitzt in einem Café. Dein Gehirn nimmt den Duft von frisch gemahlenem Kaffee, das Klappern von Tassen, Gespräche am Nebentisch, den Anblick der Einrichtung und das Gefühl des Stuhls auf Deiner Haut wahr. Doch was bleibt hängen? Vielleicht der Satz, den dein Gesprächspartner gerade gesagt hat, oder das Bild eines Kuchens in der Vitrine.

Diese Auswahl erfolgt nicht zufällig. Sie wird beeinflusst durch unsere Erfahrungen, Glaubenssätze und das, worauf wir unseren Fokus richten. Was uns wichtig erscheint, dringt ins Bewusstsein – alles andere wird ausgeblendet. Das erklärt, warum zwei Menschen in derselben Situation völlig unterschiedliche Wahrnehmungen haben können.

Unser Gehirn zeigt uns also auch da, nie die volle Realität, sondern nur eine stark reduzierte Version davon.

Psychologische Filter (Wahrnehmungsfilter und ihre Auswirkung auf die Kommunikation)

Wahrnehmungsfilter und ihre Auswirkung auf die Kommunikation sind die unsichtbaren Mechanismen, die bestimmen, wie wir die Welt erleben. Sie basieren auf unseren Erfahrungen, Überzeugungen, Werten und unserem Fokus. Diese Filter entscheiden, welche Informationen wir bewusst wahrnehmen und welche unbewusst ausgeblendet werden. So schaffen sie Ordnung in der Datenflut, die unsere Sinne ununterbrochen erreicht. Doch sie begrenzen auch unsere Sicht – wir sehen die Welt nicht, wie sie ist, sondern wie wir sie durch unsere persönliche "Brille" interpretieren.

Tilgung

Die Tilgung (deletion), besteht aus einer selektiven Wahrnehmung unserer Aufmerksamkeit. Wir wenden uns bestimmten Dimensionen unserer Erfahrungen zu, andere wiederum schließen wir aus (tilgen sie). Ohne diese Fähigkeit wären Menschen nicht in der Lage sich in einem Raum voller Menschen auf ein bestimmtes Thema zu konzentrieren. Zudem ist es nicht möglich, die Gesamtheit unseres sensorischen Inputs zu repräsentieren, wenn wir von der Masse an Daten überwältigt werden.

Generalisierung

Erlebtes zu generalisieren (generalization), stellt eine wichtige Fähigkeit dar, um im Leben zurechtzukommen. Das weiß jeder, der schon einmal auf eine heiße Herdplatte gefasst hat. So werden Alltagssituationen für das weitere Leben gespeichert und der Mensch muss es nicht immer wieder ausprobieren. Allerdings können Verallgemeinerungen unsere Handlungsfähigkeiten auch unnötig einschränken. Wenn ein Mensch für sich die Regel aufstellt „Gefühle zeigen ist ein Zeichen von Schwäche", kann dies sehr nützlich sein, wenn er, seine Intimität schützen muss oder Professionalität im Job gefragt ist. In der Partnerschaft ist dieser Mensch für seinen Partner aber nicht lesbar. Dies führt zu Missverständnissen und kann letztendlich in die Einsamkeit führen.

Verzerrung

Der dritte Gestaltungsprozess wird von Bandler und Grinder „Verzerrung" (distortion) genannt. Unser Gehirn verarbeitet ständig eine große Menge an Informationen. Um diese Informationsflut zu bewältigen, greifen wir auf mentale Abkürzungen oder "Heuristiken" (mentale Strategien, Faustregeln oder Abkürzungen, die uns helfen, mit begrenztem Wissen und begrenzter Zeit Entscheidungen zu treffen und Urteile zu fällen) zurück. Diese Heuristiken helfen uns, schnell Entscheidungen zu treffen, können aber auch zu Verzerrungen führen. Verzerrungen sind also wie kleine Fehler in unserem Denken, die unsere Wahrnehmung der Realität verändern können. Wenn es regnet, weiß ich das ich einen Schirm mitnehmen muss, um nicht nass zu werden. Verzerrungen sind Fehlinterpretationen aufgrund von der Anpassung seines eigenen Weltbildes. Beispiel: Eine Frau sagt zu ihrem Mann, du kaufst mir nie Blumen du liebst mich nicht. Am anderen Tag bringt der Mann Blumen mit. Was passiert?

Jetzt haben wir alle Zutaten für die Erklärung des NLP-Axioms „Die Landkarte ist nicht das Gebiet" gesammelt. Du bist jetzt in der Lage das Kommunikationsmodell zu verstehen und dir wird wahrscheinlich auch klar, welche enorme Auswirkung dies auf unsere Kommunikation hat.

Die Welt, so wie sie uns umgibt ist die Realität (Landschaft). Wir nehmen sie zwar wahr, aber immer durch die sozialen Einschränkungen, den neurologischen und den psychologischen Filtern. Das Ergebnis, das was wir wirklich sehen, ist unsere ureigene Sicht auf die Welt – unsere Landkarte.

„Die Landkarte ist nicht das Gebiet"

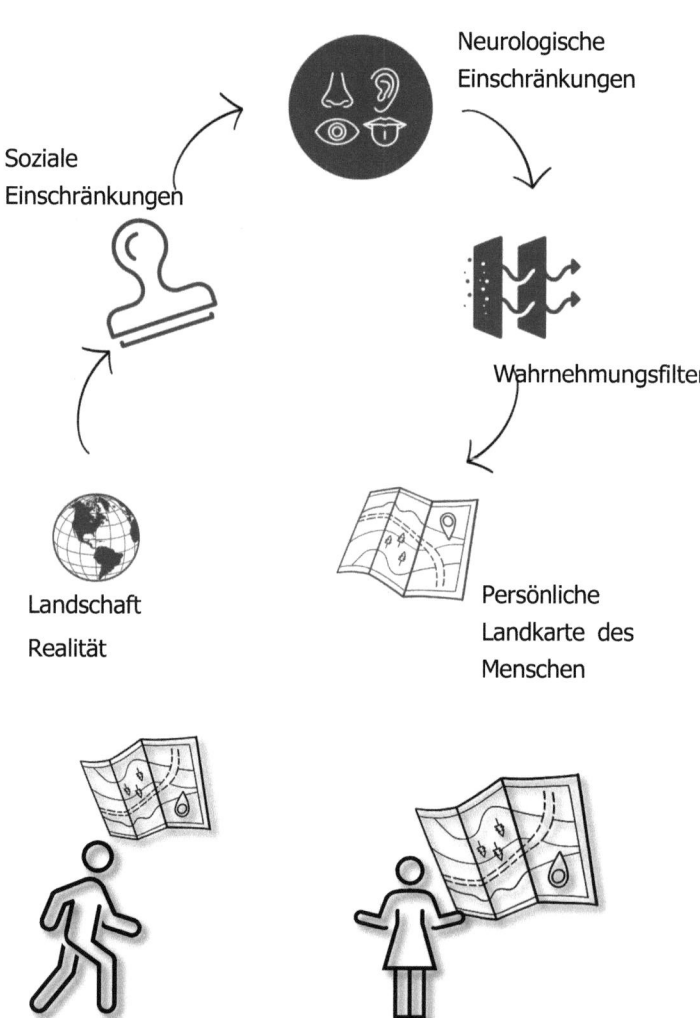

Neurologische Einschränkungen

Soziale Einschränkungen

Wahrnehmungsfilter

Landschaft
Realität

Persönliche Landkarte des Menschen

Die Kraft der Sprache in Heilberufen: Wie Sprachmodelle die Kommunikation und Behandlung verbessern

Sprache ist weit mehr als ein Mittel zur Verständigung – sie ist ein machtvolles Werkzeug, das Gedanken lenkt, Emotionen beeinflusst und die Wahrnehmung von Realität formt. Gerade in Heilberufen, in denen die Beziehung zwischen Behandelnden und Patienten eine zentrale Rolle spielt, kann der bewusste Einsatz von Sprache maßgeblich zur Heilung und zum Wohlbefinden beitragen. Eine präzise und gleichzeitig einfühlsame Kommunikation schafft Vertrauen, fördert die Compliance und hilft Patienten dabei, ihre eigenen Ressourcen zur Genesung zu aktivieren. Die Art und Weise, wie Heilpraktiker, Therapeuten und Gesundheitscoaches mit ihren Patienten sprechen, kann entscheidend dafür sein, ob sich ein Patient verstanden, ernst genommen und in seiner Heilung unterstützt fühlt.

Hier setzen Sprachmodelle wie das Meta-Modell und das Milton-Modell der Sprache an. Diese beiden Modelle, die aus dem Neuro-Linguistischen Programmieren (NLP) stammen, bieten gezielte Techniken, um Sprachmuster bewusst einzusetzen und die Qualität der Kommunikation zu steigern. Das Meta-Modell hilft dabei, ungenaue oder vage Aussagen von Patienten zu hinterfragen und präzisere Informationen zu gewinnen. Es ermöglicht Heilpraktikern, tiefere Einsichten in die individuellen Beschwerden und zugrunde liegenden Ursachen zu erhalten. Dadurch können Fehldiagnosen reduziert und gezieltere Behandlungsansätze entwickelt werden.

Das Milton-Modell hingegen nutzt die Kraft der indirekten, bildhaften und suggestiven Sprache. Es erlaubt Heilpraktikern, durch gezielte Wortwahl eine entspannte Atmosphäre zu schaffen und unbewusste Veränderungsprozesse zu fördern. Diese Art der Sprache wird insbesondere in der Hypnose und in Entspannungstechniken angewendet, um Blockaden zu lösen und Heilungsprozesse auf sanfte Weise zu unterstützen. Durch das geschickte Wechselspiel beider Sprachmodelle können Heilpraktiker ihre Gespräche noch wirksamer gestalten und ihre Patienten auf einer tiefen, ganzheitlichen Ebene begleiten.

Indem Heilpraktiker lernen, Sprache bewusster und gezielter einzusetzen, können sie nicht nur ihre diagnostischen Fähigkeiten verbessern, sondern auch die therapeutische Beziehung vertiefen und ihre Patienten nachhaltig unterstützen. Die Kombination aus präziser Fragetechnik und suggestiver Kommunikation eröffnet neue Möglichkeiten in der Praxis und stärkt die Kompetenz als ganzheitlicher Begleiter im Heilungsprozess.

Das Meta-Modell der Sprache

Wahrnehmungsfilter und ihre Auswirkung auf die Kommunikation und Kommunikation

In unserer täglichen Kommunikation sind wir oft von Werten und sozialen Normen geprägt, die tief in unserem Unterbewusstsein verankert sind. Auch neurologische Prozesse beeinflussen, wie wir Informationen verarbeiten und weitergeben. Diese Faktoren sind meist schwer zu beeinflussen oder zu verändern. Jedoch gibt es sprachliche Muster, die wir bewusst erkennen und hinterfragen können. Diese Muster - das Tilgen, Generalisieren und Verzerren von Informationen - bilden die Grundlage des Meta-Modells der Sprache. Als Heilpraktiker oder Arzt hast du die Möglichkeit, durch gezielte Fragen einzugreifen und die Kommunikation zu präzisieren. In diesem Kapitel werden wir uns damit beschäftigen, wie du diese sprachlichen Filter erkennen und sie durch geschicktes Nachfragen verborgene Informationen ans Licht bringen kannst. Du wirst lernen, wie du Generalisierungen auflösen, Verzerrungen korrigieren und getilgte Informationen wiederherstellen kannst. Diese Techniken ermöglichen es dir, die Sprache deiner Patienten besser zu verstehen und ihnen zu helfen, ihre Gedanken und Gefühle klarer auszudrücken. Jetzt stelle dir vor du kannst diese Technik dazu verwenden mehr Informationen beim Anamnesegespräch gezielt und systemisch für dich gewinnen? Bisher hast du das intuitiv gemacht, jetzt aber hast du ein System an der Hand mit dem du ganz gezielt arbeiten kannst. Komm mit auf die Reise, ich zeige dir wie du das für dich ganz gezielt erreichen kannst. Los geht´s!

Bandler und Grinder untersuchten die unterschiedlichen Sprachformen der Spitzentherapeuten und benutzten dabei die von Noam Chomsky entwickelten Unterscheidungen seiner frühen Transformationsgrammatik. Im Grunde geht die Sprachphilosophie des Meta-Modells jedoch nicht auf Chomsky, sondern auf Alfred Korzybski zurück. Die Sprachphilosophie basiert auf Folgendem: Ein Symbol ist nicht das, was es symbolisiert und ein Wort ist nicht identisch mit dem, was es bezeichnet.

Jedes Wort basiert auf individuellen Erfahrungen mit dem Wort. Es basiert weiterhin auf kulturellen Einflüssen und auf dem Kontext, in dem es benutzt wird. Im Klartext: Das Wort „Tisch" hat mit dem bezeichneten Gegenstand in Wirklichkeit nichts zu tun, lediglich die kulturelle (Sprache) Übereinkunft, diesen Gegenstand mit diesem Wort zu bezeichnen, schafft die Verbindung. Das Meta-Modell der Sprache ist ein mächtiges Werkzeug, das dir ermöglicht, in kritischen oder unklaren Situationen nachzufragen, anstatt sofort zu reagieren. Mit dem Meta-Modell kannst du sokratisch fragen, das heißt, den Angesprochenen dazu bringen, selbst die Schwachstellen seiner Argumentation zu erkennen. Hierdurch wirst du in die Lage versetzt Aussagen deiner Patienten genauer und tiefgründiger zu hinterfragen, was dich direkt auf die Qualität deiner Diagnosen auswirkt.

Aber sei vorsichtig, dass du nicht zum "Meta-Modell-Monster" wirst. So bezeichnen wir Menschen, die das Fragemodell falsch verstehen und es als rhetorische "Waffe" einsetzen. Das wäre ethisch höchst bedenklich.

Wahrnehmungsfilter und ihre Auswirkung auf die Kommunikation und ihre Auswirkung auf die Kommunikation.

Wahrnehmungsfilter	Metamodellverletzung
Generalisierung	Fehlender Referenzindex
	Generalisierter Refernzindex
	Universalquantor
	Komplexe Äquivalenz
	Verlorener Performativ
Verzerrung	Nominalisierung
	Ursache - Wirkung
	Gedankenlesen
	Vorannahme
Tilgung	Tilgung
	Unspezifisches Verb
	Unspezifisches Adverb
	Modaloperatoren

Das Meta-Modell der Sprache unterstützt im Gespräch mit dem Patienten in folgender Weise:

- Gute Fragen stellen
- Klarheit schaffen
- Bedeutung klären
- Informationen sammeln
- Einschränkungen identifizieren
- Den anderen besser verstehen
- Filter aufdecken

49

Das Milton-Modell

Stärkung der mentalen Zuversicht

Im Milton-Modell wendest du die Satz- und Wortverletzungen, die im Metamodell hinterfragt werden, bewusst an. Das heißt du bleibst bewusst unscharf und wage in deinen Aussagen. Diese Techniken werden häufig in der Hypnotherapie und in der psychotherapeutischen Praxis eingesetzt, um Verhaltensänderungen und therapeutische Effekte zu fördern.

Ein Heilpraktiker kann das Milton-Modell anwenden, um seine Patienten zu beruhigen, Vertrauen aufzubauen und positive Suggestionen zu vermitteln, ohne sie in einen tiefen Trance-Zustand zu versetzen.

Die Anwendung des Milton-Modells der Sprache kann für den Patienten auf mehrere Arten hilfreich sein:

1.   Beruhigung und Stressreduktion

Durch die Verwendung von beruhigenden und vagen Formulierungen hilft der Heilpraktiker, den Patienten zu entspannen und Stress abzubauen. Dies kann den Heilungsprozess positiv beeinflussen, da weniger Stress zu einer besseren körperlichen und geistigen Gesundheit führt.

2.   Erhöhung der Offenheit und Akzeptanz

Vage Formulierungen und eingebettete Befehle können dazu führen, dass der Patient offener für die Behandlung wird und weniger Widerstand zeigt. Dies kann dazu beitragen, dass der

Patient die Empfehlungen des Heilpraktikers eher akzeptiert und umsetzt.

3. Förderung des positiven Denkens
Positive Suggestionen und Präsuppositionen können das Selbstvertrauen des Patienten stärken und eine optimistischere Einstellung zur Genesung fördern. Ein positiver Geisteszustand kann die Heilung beschleunigen und das allgemeine Wohlbefinden verbessern.

4. Unterstützung der Selbstheilungskräfte
Durch die Anwendung von Metaphern und Geschichten kann der Heilpraktiker das Unterbewusstsein des Patienten ansprechen und dessen Selbstheilungskräfte aktivieren. Dies kann den Heilungsprozess unterstützen und beschleunigen.

5. Verbesserung der Kommunikation
Das Milton-Modell fördert eine sanfte und effektive Kommunikation, die dazu beiträgt, dass sich der Patient verstanden und unterstützt fühlt. Eine gute therapeutische Beziehung ist entscheidend für den Erfolg der Behandlung.

6. Erleichterung des Therapieprozesses
Durch das Chunking und die Verwendung von sanften Sprachmustern wird der Therapieprozess für den Patienten einfacher und zugänglicher. Dies hilft dem Patienten, die Therapie als weniger überwältigend zu empfinden und motiviert ihn, aktiv daran teilzunehmen.

Insgesamt kann die Anwendung des Milton-Modells der Sprache durch den Heilpraktiker dazu beitragen, dass der Patient sich entspannter, sicherer und offener fühlt. Dies verbessert nicht nur die Effektivität der Therapie, sondern fördert auch eine positive Einstellung und die aktive Teilnahme des Patienten am Heilungsprozess.

In den folgenden Kapiteln werden die verschieden Satz- und Wortverletzungen von Meta- und Milton-Modell gegenübergestellt. Dies erleichtert das Verständnis und zeigt den Einsatz bei der Anamnese und im Therapieverlauf.

Komplexe Äquivalenz

Die komplexe Äquivalenz ist ein Begriff aus der Kommunikations- und Verhaltenstherapie. Es bedeutet, dass eine Person zwei unterschiedliche Ereignisse oder Zustände miteinander gleichsetzt, als ob sie zwangsläufig zusammengehören. Es ist, als ob jemand sagt: *"Wenn A passiert, dann heißt das automatisch B."* Dabei denkt die Person, dass die beiden Dinge immer zusammengehören, auch wenn das nicht unbedingt stimmt.

ANALYSE

Zwei unterschiedliche Dinge werden als gleichwertig dargestellt, ohne Beweis oder Bezug. Dies schließt andere Möglichkeiten aus. Die komplexe Äquivalenz ist unabhängig von Zeit, sozusagen Zeitübergreifend und immer gültig.

Wie hinterfrage ich das?
Hier sind ein paar Beispielfragen:
"Wie genau kommen Sie zu dieser Schlussfolgerung?"
"Könnte es auch eine andere Bedeutung haben?"

Heilpraktiker könnten komplexe Äquivalenzen z. B. in Patientenaussagen begegnen, wenn Patienten meinen: *"Immer wenn das Wetter wechselt, fühle ich mich schlecht."* Die Aufgabe ist es, solche Aussagen einfühlsam zu hinterfragen und aufzulösen.

BEISPIEL

„Er sagt heute nichts – das heißt, er ist beleidigt."
Hier wird „nichts sagen" automatisch mit „beleidigt sein" gleichgesetzt.
Doch Schweigen kann auch andere Gründe haben: Müdigkeit, Nachdenklichkeit, Konzentration...

METAPHER

Das ist, als ob jemand sagt: „Mein Kollege hat heute Morgen nicht gegrüßt, also mag er mich nicht." Vielleicht war der Kollege einfach in Eile, in Gedanken versunken oder hatte einen schlechten Tag. Eine Handlung wird direkt mit einer festen Bedeutung verknüpft, obwohl es viele andere Gründe geben könnte.

Das Meta-Modell im Einsatz mit der komplexen Äquivalenz

Als Heilpraktiker kann man die komplexe Äquivalenz hinterfragen, indem man die Annahme überprüft und alternative Erklärungen oder Ursachen in Betracht zieht.

Hier sind ein paar Schritte, wie man das tun kann:

Hinterfragen der Kausalität (Zusammenhang)
Frage: "Bedeutet das, wenn das Wetter wechselt, dass Sie sich immer schlechtfühlen? Gibt es andere Situationen, in denen Sie sich auch schlecht fühlen?"

Überprüfen auf andere Ursachen:
Frage: "Bedeutet das, wenn Sie sich schlecht fühlen, dass es immer am Wetter liegt? Könnte es auch andere Gründe geben, wie zum Beispiel Stress oder Schlafmangel?"

Einführung alternativer Erklärungen:
Frage: "Bedeutet das, wenn Sie sich bei Wetterwechsel schlecht fühlen, dass andere Faktoren wie Ihre Ernährung, Ihre Arbeitsbelastung oder Ihr Schlafverhalten keinen Einfluss haben?"

Ermutigung zur Reflexion:
Frage: "Bedeutet das, wenn Sie das Gefühl haben, dass das Wetter Ihre Stimmung beeinflusst, dass Sie nicht auch durch andere Veränderungen erzielen könnten?"

Durch diese Art des Hinterfragens hilfst du dem Klienten, seine Annahmen zu überprüfen und eine breitere Perspektive zu entwickeln. Dies kann zu neuen Einsichten und besseren Diagnosen führen.

Patientenaussage: „Weil ich immer so müde bin, zeigt das, dass mein Körper völlig kaputt ist.''

Mögliche Antwort ohne Meta-Modell: Oh, das hört sich bedenklich an. Wann war ihre letzte Blutuntersuchung?

Antwort mit dem Meta-Modell: Wie kommen sie zu dieser Annahme? Gibt es dazu eine Vorgeschichte?

Erklärung:

In diesem Gespräch nutzt der Patient eine **komplexe Äquivalenz**, indem er *Müdigkeit* direkt mit *„mein Körper ist völlig kaputt''* gleichsetzt. Diese Gleichsetzung bleibt jedoch unbegründet.

Der Heilpraktiker ohne Meta-Modell übernimmt diese Annahme indirekt und lenkt das Gespräch direkt auf eine mögliche medizinische Untersuchung.

Mit dem **Meta-Modell** hinterfragt der Heilpraktiker dagegen die Annahme des Patienten gezielt: *„Wie kommen Sie zu dieser Annahme?''* Dadurch wird der Patient angeregt, seine Schlussfolgerung zu reflektieren und zu präzisieren, was neue Perspektiven eröffnet.

Patientenaussage: „Na ja, ich bin ständig erschöpft, also muss etwas mit meinem Körper nicht stimmen."

Mögliche Antwort ohne Meta-Modell: Was sind ihre körperlichen Symptome?

Antwort mit dem Meta-Modell: Sind es nur körperliche Aspekte, oder könnten auch andere Aspekte eine Rolle spielen?

Erklärung:
In dieser Aussage verwendet der Patient eine **komplexe Äquivalenz**, indem er *ständige Erschöpfung* automatisch, als Beweis dafür sieht, dass *etwas mit seinem Körper nicht stimmt*. Diese Schlussfolgerung bleibt jedoch unbegründet und lässt alternative Erklärungen außer Acht.

Der Heilpraktiker ohne Meta-Modell akzeptiert diese Annahme und fokussiert sich direkt auf mögliche körperliche Symptome.

Mit dem **Meta-Modell** erweitert der Heilpraktiker hingegen den Blickwinkel, indem er hinterfragt: *„Sind es nur körperliche Aspekte, oder könnten auch andere Aspekte eine Rolle spielen?"* Dadurch wird der Patient ermutigt, auch psychische oder emotionale Einflussfaktoren in Betracht zu ziehen.

Patientenaussage: „Ich schlafe schlecht, das bedeutet, dass ich eine ernsthafte Erkrankung habe.``

Mögliche Antwort ohne Meta-Modell: „Haben Sie bereits medizinische Tests machen lassen?``

Antwort mit dem Meta-Modell: „Wie genau kommen Sie zu dieser Schlussfolgerung? Welche anderen Faktoren könnten Ihren Schlaf beeinflussen?``

Erklärung:

In dieser Aussage liegt eine **komplexe Äquivalenz** vor, da der Patient **„schlechten Schlaf``** direkt als Beweis für eine **ernsthafte Erkrankung** deutet.

Der Heilpraktiker ohne Meta-Modell nimmt diese Schlussfolgerung ungefragt hin und lenkt die Aufmerksamkeit direkt auf medizinische Tests, was die Befürchtung des Patienten möglicherweise verstärken kann.

Mit dem **Meta-Modell** hinterfragt der Heilpraktiker die gedankliche Verknüpfung des Patienten und öffnet den Raum für andere Erklärungen. Durch die Frage *„Welche anderen Faktoren könnten Ihren Schlaf beeinflussen?``* wird der Patient dazu angeregt, seine Schlussfolgerung zu reflektieren und alternative Ursachen wie Stress, Ernährung oder Gedankenkarussell in Betracht zu ziehen.

Das Milton-Modell im Einsatz mit der komplexen Äquivalenz

Die Komplexe Äquivalenz im Milton-Modell beschreibt Aussagen, bei denen zwei Dinge miteinander gleichgesetzt werden, auch wenn die Verbindung zwischen ihnen nicht logisch oder direkt bewiesen ist. Diese Technik kann dazu verwendet werden, dem Patienten eine bestimmte Bedeutung oder Interpretation zu vermitteln, die ihm hilft, einen neuen Blick auf seine Situation zu gewinnen. Im Kontext eines Heilpraktikers könnte die Technik genutzt werden, um positive Zusammenhänge zwischen dem Verhalten des Patienten und möglichen Verbesserungen seines Zustands zu suggerieren.

Ziel der Technik: Die Verbindung von scheinbar unabhängigen Aspekten, um dem Patienten ein Gefühl von Fortschritt, Kontrolle und Positivität zu vermitteln.

Effekt auf den Patienten:

- Der Patient fühlt sich verstanden und ermutigt.
- Er bekommt das Gefühl, dass selbst kleine Schritte oder Gedanken in die richtige Richtung bedeutsam sind.
- Sein Vertrauen in den Heilungsprozess wird gestärkt.
- Er erlebt eine neue Perspektive, die ihn darin unterstützt, aktiv an seiner Genesung mitzuwirken.

Die Komplexe Äquivalenz ist somit ein wirkungsvolles Mittel, um innere Ressourcen zu aktivieren und positive Veränderungen zu erleichtern.

 **Patientenaussage:** "Ich habe das Gefühl, dass mein Körper ständig gegen mich arbeitet."

Mögliche Antwort ohne Milton-Modell: „Woran machen sie das fest?"

Antwort mit dem Milton-Modell: „Spannend, denn dies zeigt oft, dass im Körper die Selbstheilungskräfte angestoßen werden."

Erklärung:

1. Utilisation (Nutzung der Patientenwahrnehmung)
Statt die Aussage zu hinterfragen, wird sie genutzt, um eine ressourcenstärkende Bedeutung zu geben.

2. Vage Sprache & Suggestionen
„dies zeigt" → Unbestimmt, aber plausibel.
„sehr oft" → Offen für Interpretation.
„die Selbstheilungskräfte werden angestoßen" → Betont einen positiven Prozess, ohne direkten Widerspruch.

3. Reframing & Widerstandsvermeidung
Der Körper wird vom „Feind" zum aktiven Unterstützer umgedeutet. Die Einleitung „Spannend, denn" verhindert Widerstand und lenkt die Aufmerksamkeit sanft um.

Alternative Kurzantworten mit dem Milton-Modell:

-„Ihr Körper scheint aktiv an einem Gleichgewicht zu arbeiten."

-„Viele erleben das als Zeichen, dass sich tiefere Regenerati onsprozesse entfalten."

-„Oft ist das ein Hinweis darauf, dass der Körper intensiv arbeitet."

Diese Formulierungen erhalten die subjektive Wahrnehmung des Patienten und erweitern sie sanft.

Patientenaussage: "Das klingt logisch, aber ich weiß nicht, ob ich das allein schaffen kann."

Mögliche Antwort ohne Milton-Modell: „Genau deswegen, gehen wir den Weg gemeinsam."

Antwort mit dem Milton-Modell: „Ihre Zweifel sagen mir, dass sie bereit sind die Veränderungen anzugehen."

Erklärung:

1. Utilisation (Nutzung der Patientenwahrnehmung)
Statt den Zweifel als Hindernis zu sehen, wird er als Hinweis auf Veränderungsbereitschaft genutzt. Dies vermeidet Widerstand und schafft eine neue, positive Perspektive.

2. Reframing durch komplexe Äquivalenz
Die Aussage stellt eine Gleichsetzung her: „Zweifel = Bereitschaft zur Veränderung". Dadurch wird der innere Konflikt umgedeutet – anstatt den Zweifel als Hindernis zu sehen, wird er als notwendiger Schritt zur Veränderung betrachtet.

3. Vage Sprache & Suggestionen
„Ihre Zweifel sagen mir" → Weichere Formulierung statt direkter Behauptung.
„bereit" → Positive Zuschreibung, ohne den Patienten zu überfordern.

„die Veränderungen anzugehen" → Keine konkrete Handlungsaufforderung, sondern sanfte Suggestion.

4. Widerstandsvermeidung durch positive Umdeutung
Hätte die Antwort gelautet: „Sie müssen keine Zweifel haben.",
könnte der Patient in eine Verteidigungshaltung gehen. Durch
das Umdeuten der Zweifel in eine Ressource bleibt die Aussage
anschlussfähig.

Alternative Kurzantworten mit dem Milton-Modell:

- „Zweifel sind oft der erste Schritt zu echter Veränderung."

-„Interessant – viele erleben genau das als Zeichen, dass sie
  bereit sind."

-„Ihr Zweifel zeigt, dass Sie sich intensiv mit dem Wandel auseinandersetzen."

Diese Varianten verstärken die Veränderungsbereitschaft, ohne
Druck auszuüben.

 **Patientenaussage:** "Vielleicht sollte ich mich mehr auf meine Gesundheit konzentrieren."

Mögliche Antwort ohne Milton-Modell: „Das ist eine super Idee und ich unterstütze sie dabei."

Antwort mit dem Milton-Modell: "Dass Sie diesen Gedanken jetzt haben, zeigt, dass Sie bereits sind, sich auf die Veränderung einzulassen."

Erklärung:

1. Utilisation (Nutzung der Patientenwahrnehmung)

Der Gedanke des Patienten wird nicht nur bestätigt, sondern als Beweis für seine innere Bereitschaft zur Veränderung genutzt. Dadurch wird seine eigene Aussage verstärkt, ohne Widerstand hervorzurufen.

2. Reframing durch komplexe Äquivalenz

Die Antwort setzt die Aussage des Patienten mit einer positiven Eigenschaft gleich:

„Dass Sie diesen Gedanken jetzt haben" → Gedankengang als Zeichen für Handlungsbereitschaft.

„zeigt, dass Sie bereit sind" → Zweifel oder Unsicherheit werden in Motivation umgedeutet.

Durch diese Gleichsetzung wird der Gedanke nicht mehr als vage Möglichkeit betrachtet, sondern als klarer Hinweis darauf, dass der Patient bereits im Veränderungsprozess steckt.

3. Vage Sprache & Suggestionen

„zeigt, dass Sie bereit sind" → Keine direkte Anweisung, sondern eine sanfte Umdeutung.

„sich auf die Veränderung einzulassen" → Kein spezifisches Ziel vorgegeben, sodass der Patient die Aussage mit seinen eigenen Vorstellungen füllen kann.

4. Widerstandsvermeidung durch positive Verstärkung

Hätte die Antwort gelautet: „Ja, das sollten Sie wirklich tun.", könnte der Patient sich unter Druck gesetzt fühlen. Die gewählte Formulierung hält die Entscheidung beim Patienten und bestärkt ihn auf natürliche Weise.

Alternative Kurzantworten mit dem Milton-Modell:

-„Der Gedanke allein zeigt, dass Sie bereits mitten in der Veränderung sind."

-„Interessant – viele merken genau in solchen Momenten, dass sie schon auf dem richtigen Weg sind."

-„Dass dieser Impuls jetzt kommt, ist ein gutes Zeichen für Ichren nächsten Schritt."

Diese Varianten fördern die Motivation des Patienten, ohne Druck auszuüben oder ihn zu belehren.

Ursache - Wirkung

Eine Ursache-Wirkung-Verletzung liegt vor, wenn jemand behauptet, dass ein bestimmtes Ereignis oder Verhalten zwangsläufig eine bestimmte Reaktion oder Konsequenz auslöst, obwohl diese Verbindung nicht zwingend gegeben ist. Es ist, als ob jemand sagt: *"Weil A passiert, muss B passieren."* Aber in Wirklichkeit könnte auch etwas ganz anderes passieren oder es hängt von vielen Dingen ab, ob B überhaupt passiert.

ANALYSE

Im Gespräch mit Patienten könnten Heilpraktiker solchen Aussagen begegnen, z. B.: *"Weil ich Stress habe, werde ich immer krank."* Hier wird eine direkte Verbindung hergestellt, die nicht unbedingt wahr sein muss. Der Heilpraktiker kann durch gezielte Fragen helfen, solche Verknüpfungen zu überprüfen und aufzulösen.

BEISPIEL

Diese Verletzung tritt auf, wenn jemand glaubt, dass ein bestimmtes Ereignis immer zu einem bestimmten Ergebnis führt, ohne andere Einflüsse zu berücksichtigen. Frage: „Gibt es Situationen, in denen dies nicht der Fall war? Was könnten andere Faktoren sein, die das Ergebnis beeinflusst haben?"

Solche Aussagen sind oft leicht zu erkennen, wenn das Wort "machen" verwendet wird.

Zum Beispiel: "Regen macht mich depressiv." Hier ist der Unsinn offensichtlich: Regen (Ursache) macht nicht depressiv, sondern nass.

Manchmal sind solche Aussagen nicht so offensichtlich.

Schau dir diese Sätze an:

1. Laufen macht meinen Kreislauf aktiv.
2. Liebe macht blind.
3. Gutes Essen schmeichelt meinem Gaumen.
4. Meine Frau langweilt mich.

Hier erweisen sich die Sätze 2 und 4 semantisch fehlgeformt. Satz 1 und 3 hingegen ergeben durchaus einen Sinn.

--- METAPHER ---

Das ist, wie wenn du sagst: „Wenn ich den ganzen Tag arbeite, bekomme ich Kopfschmerzen." Aber ist es wirklich die Arbeit, die das verursacht? Vielleicht hast du zu wenig getrunken, schlecht geschlafen oder sitzt zu lange in einer unbequemen Position. Manchmal liegen die Ursachen anders, als wir zuerst denken.

Oft neigen Patienten dazu, eine kausale Verbindung zwischen zwei Ereignissen oder Zuständen herzustellen, selbst wenn diese nicht zwingend logisch oder objektiv nachweisbar ist. Typische Aussagen könnten sein:

> *„Seit ich diesen Stress habe, kann ich nicht mehr schlafen."*
> *„Weil mein Arzt mir das gesagt hat, kann ich gar nicht erst gesund werden."*

Solche Formulierungen suggerieren eine direkte Verknüpfung zwischen Ursache und Wirkung, die oft hinterfragt werden kann. Indem der Heilpraktiker das Meta-Modell anwendet, kann er dem Patienten helfen, neue Perspektiven zu entwickeln und alternative Erklärungen zu erkennen.

Ein einfaches Mittel ist es, mit gezielten Fragen wie:
„Wie genau führt das eine zum anderen?"
oder
„Gibt es Situationen, in denen das nicht so ist?"

die vermeintliche Kausalität (Beziehung zwischen Ursache und Wirkung) aufzulösen. Dadurch kann der Patient erkennen, dass er mehr Kontrolle über seinen Zustand hat, als er zunächst dachte – ein wichtiger Schritt in Richtung Veränderung und Selbstwirksamkeit.

Patientenaussage: „Immer, wenn ich Stress habe, bekomme ich Migräne."

Mögliche Antwort ohne Meta-Modell: „In welcher Situation sind sie besonders unter Stress?"

Antwort mit dem Meta-Modell: „Gibt es auch andere Faktoren ihn ihrem Leben die eine Migräne begünstigen können?"

Erklärung:

In dieser Aussage stellt der Patient eine **Ursache-Wirkung-Verknüpfung** her (*„Immer, wenn ich Stress habe, bekomme ich Migräne."*). Dies impliziert, dass Stress **zwangsläufig** Migräne verursacht, ohne andere mögliche Einflussfaktoren zu berücksichtigen.

Antwort ohne Meta-Modell:

Der Heilpraktiker akzeptiert diese Annahme, indem er nach stressauslösenden Situationen fragt. Dies kann das Gespräch in eine einseitige Richtung lenken, bei der andere mögliche Ursachen unberücksichtigt bleiben.

Antwort mit Meta-Modell:

Die Frage *„Gibt es auch andere Faktoren in Ihrem Leben, die eine Migräne begünstigen können?"* hilft dabei, die **eingeschränkte Ursache-Wirkung-Zuordnung** aufzubrechen. Der Patient wird dazu angeregt, weitere mögliche Auslöser zu reflektieren (z. B. Ernährung, Schlafmangel, Wetterumschwünge, Muskelverspannungen), was einen differenzierteren Blick ermöglicht.

Patientenaussage: „Wenn ich lange arbeite, bin ich am nächsten Tag immer krank."

Mögliche Antwort ohne Meta-Modell: „Wie viele Stunden arbeiten Sie normalerweise pro Tag?"

Antwort mit dem Meta-Modell: „Gibt es noch andere Faktoren, die Ihre Gesundheit beeinflussen könnten?"

Erklärung:
In dieser Aussage liegt eine **Ursache-Wirkung-Verknüpfung** vor, da der Patient eine direkte Beziehung zwischen **langer Arbeitszeit** und **Krankheit am nächsten Tag** herstellt. Dies ignoriert die Möglichkeit, dass andere Faktoren wie Schlafmangel, Ernährung oder Immunsystem eine Rolle spielen könnten.

Antwort ohne Meta-Modell:

Der Heilpraktiker geht auf die Arbeitszeit ein und bestätigt damit indirekt die Ursache-Wirkung-Zuordnung des Patienten, anstatt diese zu hinterfragen.

Antwort mit Meta-Modell:

Die Frage *„Gibt es noch andere Faktoren, die Ihre Gesundheit beeinflussen könnten?"* hilft dabei, den Blickwinkel des Patienten zu erweitern. Dadurch wird die einseitige Verknüpfung aufgelöst, und der Patient wird dazu angeregt, weitere mögliche Ursachen in Betracht zu ziehen.

 **Patientenaussage:** „Jedes Mal, wenn ich Süßigkeiten esse, bekomme ich sofort Kopfschmerzen."

Mögliche Antwort ohne Meta-Modell: „Welche Süßigkeiten essen Sie besonders oft?"

Antwort mit dem Meta-Modell: „Welche anderen Faktoren gäbe es noch, die Ihre Kopfschmerzen auslösen könnten?"

Erklärung:
Der Patient stellt eine **Ursache-Wirkung-Verbindung** zwischen **Süßigkeitenkonsum** und **Kopfschmerzen** her, als gäbe es eine direkte, unvermeidbare Beziehung. Dabei werden mögliche andere Ursachen (z. B. Blutzuckerschwankungen, Flüssigkeitsmangel, Stress oder Nahrungsmittelunverträglichkeiten) nicht berücksichtigt.

Antwort ohne Meta-Modell:

Die Nachfrage zu den konsumierten Süßigkeiten akzeptiert die Annahme des Patienten und vertieft das Thema, ohne alternative Perspektiven zu eröffnen.

Antwort mit Meta-Modell:

Die Frage *„Gibt es vielleicht auch andere Faktoren, die Ihre Kopfschmerzen auslösen könnten?"* bricht die starre Ursache-Wirkung-Verknüpfung auf und lädt den Patienten dazu ein, breiter über mögliche Einflussfaktoren nachzudenken.

Das Milton-Modell im Einsatz mit Ursache - Wirkung

Ein Gespräch, in dem der Heilpraktiker das Milton-Modell im Bereich Ursache-Wirkung anwendet, würde darauf abzielen, den Patienten davon zu überzeugen, dass bestimmte Handlungen oder Zustände (Ursachen) zu positiven Veränderungen oder Ergebnissen (Wirkungen) führen. Im Milton-Modell werden dabei oft vage und allgemein gehaltene Ursache-Wirkungs-Beziehungen hergestellt, die den Zuhörer dazu bringen, die Logik zu akzeptieren, ohne sie direkt zu hinterfragen. Die Ursache-Wirkungs-Beziehungen, die hergestellt werden, sind vage und werden nicht im Detail erklärt. Dies ermöglicht es dem Patienten, die Kausalität intuitiv zu akzeptieren, ohne sie kritisch zu hinterfragen. Durch die Verwendung solcher Ursache-Wirkungs-Beziehungen im Milton-Modell wird der Patient ermutigt, den vorgeschlagenen Handlungen zu vertrauen und sie als Schlüssel zur Heilung zu betrachten. Die Sprache des Heilpraktikers ist so gestaltet, dass sie den Patienten in einen Zustand versetzt, in dem er glaubt, dass jede kleine Handlung zu einem positiven Heilungseffekt führen kann.

 **Patientenaussage:** "Ich hoffe, dass ich das schaffen kann. Manchmal fällt es mir schwer, mich zu entspannen."

Mögliche Antwort ohne Milton-Modell: „Am besten sie probieren das mal, sollten sie Fragen haben, bin ich für sie da."

Antwort mit dem Milton-Modell: "Das ist völlig in Ordnung. Sie werden feststellen, dass allein schon das bewusste Atmen ihren Körper dazu bringt, die Heilung zu beschleunigen."

Erklärung:

1. Utilisation (Nutzung der Patientenwahrnehmung)

Die Unsicherheit des Patienten („Ich hoffe... manchmal fällt es mir schwer.") wird nicht infrage gestellt, sondern akzeptiert („Das ist völlig in Ordnung."). Dadurch entsteht kein Widerstand, und der Patient fühlt sich verstanden.

2. Suggestion durch Ursache-Wirkung-Muster

„Sie werden feststellen, dass..." → Diese Formulierung erzeugt eine sanfte Erwartungshaltung und lenkt die Wahrnehmung des Patienten auf eine positive Veränderung.

„allein schon das bewusste Atmen..." → Verknüpft eine einfache Handlung mit einem positiven Effekt.

„dazu bringt, die Heilung zu beschleunigen." → Impliziert eine direkte Verbindung zwischen Atemtechnik und Heilung, ohne es als absolute Tatsache zu behaupten.

3. Reframing durch Fokusverschiebung
Statt sich auf die Schwierigkeiten des Patienten mit Entspannung zu konzentrieren, lenkt die Antwort seine Aufmerksamkeit auf eine einfache, sofort umsetzbare Lösung: das Atmen. Dadurch wird aus einem möglichen Problem ein aktiver Prozess der Selbstwirksamkeit.

4. Vage Sprache zur Vermeidung von Widerstand
„Sie werden feststellen" → Keine direkte Anweisung, sondern eine offene Beobachtung.
„allein schon das bewusste Atmen" → Die Einfachheit senkt mögliche Hemmschwellen.
„die Heilung zu beschleunigen" → Keine exakte Aussage über das Maß der Heilung, sondern eine sanfte Erwartung.

Alternative Kurzantworten mit dem Milton-Modell:

-„Das ist völlig normal. Schon ein paar bewusste Atemzüge
  können spürbar zur Entspannung beitragen."

-„Ihr Körper kennt bereits, wie Entspannung funktioniert –
  manchmal genügt es, ihn daran zu erinnern."

-„Interessant, denn bewusstes Atmen allein kann oft mehr
  bewirken, als man denkt."

Diese Formulierungen bestärken den Patienten, ohne Druck auszuüben, und führen sanft in einen Prozess positiver Veränderung.

 **Patientenaussage:** "Ich weiß, dass Entspannung mir guttun würde, aber mein Kopf steht einfach nie still."

Mögliche Antwort ohne Milton-Modell: "Vielleicht hilft es, wenn Sie gezielt Pausen einplanen. Falls Sie Unterstützung brauchen, sprechen Sie mich an."

Antwort mit dem Milton-Modell: "Dass Ihr Kopf so aktiv ist, zeigt, wie leistungsfähig Ihr Geist ist – und genau diese Fähigkeit kann Ihnen helfen, innere Ruhe zu finden."

Erklärung:

1. Utilisation (Nutzung der Patientenwahrnehmung) Anstatt den Gedankenfluss als Problem zu betrachten, wird er als Stärke umgedeutet („zeigt, wie leistungsfähig Ihr Geist ist"). Dadurch entsteht kein Widerstand, sondern eine positive Wahrnehmungsverschiebung.

2. Reframing durch komplexe Äquivalenz. Die Aussage stellt eine neue Verbindung her: „Ein aktiver Geist kann innere Ruhe fördern" statt „Ein aktiver Geist verhindert Entspannung". Das Umdeuten eröffnet neue Möglichkeiten für den Patienten.

3. Vage Sprache & Suggestionen

„zeigt, wie leistungsfähig Ihr Geist ist" → Keine Bewertung, sondern eine positive Umdeutung.

„und genau diese Fähigkeit kann Ihnen helfen" → Sanfte Suggestion, ohne Druck auszuüben.

„innere Ruhe zu finden" → Kein Muss, sondern eine Möglichkeit, die offen bleibt.

4. Widerstandsvermeidung durch Fokusverschiebung

Die Aufmerksamkeit wird von der empfundenen Schwierigkeit zur eigenen Fähigkeit gelenkt. Der Patient muss sich nicht mehr gegen seine Gedanken wehren, sondern kann sie als Ressource nutzen.

Alternative Kurzantworten mit dem Milton-Modell:

- „Interessant – viele merken, dass gerade ihr aktiver Geist ihnen helfen kann, Ruhe zu finden."

-„Ihr Kopf ist sehr aktiv – das zeigt, dass Sie die Fähigkeit haben, Ihre Gedanken zu lenken."

-„Manchmal ist es gerade diese geistige Stärke, die den Weg. zur tiefen Entspannung ebnet."

Diese Antworten helfen dem Patienten, seine eigenen Fähigkeiten als wertvoll wahrzunehmen, statt sich gegen seine Gedanken zu kämpfen.

Patientenaussage: "Ich würde ja gerne etwas verändern, aber ich weiß nicht, wo ich anfangen soll."

Mögliche Antwort ohne Milton-Modell: "Wir können gemeinsam herausfinden, welcher erste Schritt für Sie am besten passt."

Antwort mit dem Milton-Modell: "Dass Sie darüber nachdenken, zeigt, dass die Veränderung bereits begonnen hat."

Erklärung:
1. Utilisation (Nutzung der Patientenwahrnehmung)
Anstatt die Unsicherheit des Patienten zu hinterfragen, wird sie als Zeichen eines bereits laufenden Prozesses genutzt („zeigt, dass die Veränderung bereits begonnen hat"). Das nimmt Druck und stärkt das Gefühl, dass der Patient bereits auf dem richtigen Weg ist.

2. Reframing durch komplexe Äquivalenz
Die Aussage verknüpft das Nachdenken über Veränderung direkt mit einer aktiven Veränderung. Dadurch wird das Problem („Ich weiß nicht, wo ich anfangen soll") umgedeutet zu einem Beweis für Fortschritt.

3. Vage Sprache & Suggestionen
„zeigt, dass die Veränderung bereits begonnen hat" → Offen gehalten, sodass der Patient selbst bestätigt, dass er sich bereits in Bewegung befindet.Keine konkrete Anweisung, sondern eine sanfte Suggestion, die Vertrauen schafft.

4. Widerstandsvermeidung durch positive Verstärkung
Anstatt den Patienten zu einer Entscheidung zu drängen, stärkt die Aussage sein Selbstvertrauen. Sie vermittelt: „Sie sind nicht blockiert, sondern schon auf dem Weg."

Alternative Kurzantworten mit dem Milton-Modell:

-„Spannend – oft beginnt Veränderung genau in dem Moment, in dem wir darüber nachdenken."

-„Allein, dass Sie sich diese Frage stellen, ist ein wichtiger erster Schritt."

-„Viele erkennen genau in diesem Moment, dass sie bereits die richtige Richtung eingeschlagen haben."

Diese Formulierungen nehmen die Unsicherheit des Patienten auf und lenken seine Aufmerksamkeit sanft auf seinen bereits vorhandenen Fortschritt.

Vorannahme

Eine Vorannahme liegt vor, wenn jemand davon ausgeht, dass eine bestimmte Aussage oder Handlung zwangsläufig eine bestimmte Bedeutung oder Absicht hat, ohne dass dies tatsächlich gesagt oder bewiesen wurde.

ANALYSE

Es ist, als ob jemand sagt: *"Weil A passiert, will der andere bestimmt B damit sagen."* Aber eigentlich weiß man gar nicht genau, ob das stimmt. Man nimmt es einfach an. Heilpraktiker könnten Vornahmen in Aussagen wie dieser erkennen: *"Der Arzt hat mich nicht richtig untersucht, also interessiert er sich nicht für mich."* Hier wird eine Absicht unterstellt, ohne dass sie tatsächlich bewiesen ist. Der Heilpraktiker kann durch gezielte Fragen helfen, solche Annahmen zu klären und zu hinterfragen.

Vorannahmen sind Überzeugungen, die wir als wahr ansehen, ohne sie zu überprüfen. Fragen wie: „Was lässt Sie glauben, dass das so ist? Können Sie mir Beispiele geben, die diese Annahme unterstützen?" helfen die Vorannahme aufzulösen.

In Gesprächen schwingen oft unausgesprochene Annahmen mit – sogenannte Vorannahmen. Wenn diese nicht zutreffen, entsteht schnell Irritation.

Beispielsatz:

„Warum bist du schon wieder zu spät gekommen?"

Vorannahmen:

Die Person ist zu spät.

Das passiert häufiger („schon wieder").

Stimmt das nicht, fühlt sich der andere zu Unrecht beschuldigt.

Reaktion:

„Ich bin doch gar nicht zu spät!"

Die Person reagiert auf die unausgesprochene Unterstellung, nicht auf die Frage selbst.

METAPHER

Das ist, wie wenn du annimmst, dass dein Partner nicht gerne kocht, nur weil er nie freiwillig in der Küche steht. Aber hast du ihn je gefragt, ob er gerne kochen würde, wenn er mehr Zeit oder eine bessere Küche hätte? Manchmal glauben wir, etwas zu wissen, obwohl wir es nie überprüft haben.

Eine besonders häufig vorkommende Satzverletzung ist die Vornahme– eine Annahme darüber, was eine andere Person denkt oder fühlt, ohne dass dies tatsächlich überprüft wurde.

Patienten äußern oft Aussagen wie:

> „Mein Körper wird nie wieder gesund."
> „Der Therapeut versteht mich sowieso nicht."
> „Ich weiß, dass das sowieso nicht funktioniert."

Solche Formulierungen sind problematisch, da sie eine subjektive Überzeugung als Tatsache darstellen und die Möglichkeit alternativer Sichtweisen ausschließen. Indem der Heilpraktiker das Meta-Modell der Sprache anwendet, kann er dem Patienten helfen, diese Annahmen zu hinterfragen und eine differenziertere Perspektive einzunehmen.

Durch gezielte Fragen wie „Woran genau merkst du das?", „Hast du schon alle Möglichkeiten ausprobiert?" oder „Gibt es Situationen, in denen das nicht so war?" kann die Vornahme aufgelöst werden. Dies öffnet den Raum für neue Denkweisen und ermöglicht dem Patienten, wieder mehr Handlungsspielraum und Einfluss auf seine eigene Situation zu erkennen.

 **Patientenaussage:** „Ich weiß, dass ich nie wieder gesund werde."

Mögliche Antwort ohne Meta-Modell: „Na so schlimm wird schon nicht werden."

Antwort mit dem Meta-Modell: „Woran machen sie das fest? Woher wissen sie das?"

Erklärung:

In dieser Aussage liegt eine Vornahme (Präsupposition) vor: Der Patient nimmt als gesicherte Tatsache an, dass er nie wieder gesund werden wird. Diese Überzeugung basiert jedoch nicht auf einer überprüfbaren Grundlage, sondern auf einer unbewiesenen Annahme.

Antwort ohne Meta-Modell:

Die Aussage „Na so schlimm wird es schon nicht werden." versucht, die Annahme des Patienten zu entkräften, bleibt jedoch unspezifisch und bietet keine Möglichkeit zur Reflexion.

Antwort mit Meta-Modell:

Die Fragen „Woran machen Sie das fest?" und „Woher wissen Sie das?" zielen darauf ab, die Grundlage dieser Annahme zu hinterfragen. Dadurch wird der Patient dazu angeregt, seine Überzeugung zu reflektieren und möglicherweise andere Perspektiven zuzulassen.

Patientenaussage: „Es ist unmöglich, dass mir irgendetwas hilft."

Mögliche Antwort ohne Meta-Modell: „Ach, das würde ich so nicht sagen, es gibt sicher Möglichkeiten."

Antwort mit dem Meta-Modell: „Was genau lässt Sie glauben, dass nichts helfen kann?"

Erklärung:
Der Patient trifft eine Vornahme (Präsupposition), indem er bereits als gegeben annimmt, dass nichts ihm helfen kann. Diese Überzeugung lässt wenig Raum für alternative Sichtweisen oder Lösungsansätze.

Antwort ohne Meta-Modell:
Die Aussage „Ach, das würde ich so nicht sagen, es gibt sicher Möglichkeiten." versucht zwar, die negative Annahme zu relativieren, geht aber nicht auf die Überzeugung des Patienten ein und könnte Widerstand erzeugen.

Antwort mit Meta-Modell:
Die Frage „Was genau lässt Sie glauben, dass nichts helfen kann?" hinterfragt die Annahme direkt. Sie ermutigt den Patienten, seine Überzeugung zu reflektieren und möglicherweise Widersprüche oder andere Perspektiven zu entdecken.

Patientenaussage: „Ich werde mich niemals wieder richtig wohlfühlen."

Mögliche Antwort ohne Meta-Modell: „Das sehen Sie vielleicht jetzt so, aber mit der richtigen Behandlung kann es besser werden."

Antwort mit dem Meta-Modell: „Was müsste passieren, damit Sie sich wieder wohlfühlen?"

Erklärung:
Der Patient nimmt bereits als gesicherte Tatsache an, dass er sich nie wieder richtig wohlfühlen wird. Diese Vornahme schließt positive Entwicklungen oder Heilung von vornherein aus.

Antwort ohne Meta-Modell:
Die Aussage „Das sehen Sie vielleicht jetzt so, aber mit der richtigen Behandlung kann es besser werden." widerspricht der Patientenaussage direkt, ohne die zugrunde liegende Überzeugung zu hinterfragen. Dadurch könnte Widerstand entstehen.

Antwort mit Meta-Modell:
Die Frage „Was müsste passieren, damit Sie sich wieder wohlfühlen?" öffnet das Gespräch für Alternativen. Sie bringt den Patienten dazu, nach positiven Möglichkeiten zu suchen, anstatt sich auf die Annahme seiner Unveränderlichkeit zu fokussieren.

Ein Gespräch, in dem der Heilpraktiker das Milton-Modell im Bereich Vorannahmen anwendet, würde darauf abzielen, dem Patienten durch implizite Annahmen bestimmte Überzeugungen oder Ideen zu vermitteln, ohne sie direkt zu thematisieren. Vorannahmen (Präsuppositionen) sind Aussagen, die bestimmte Annahmen über die Realität enthalten, die der Zuhörer akzeptieren muss, um den Satz zu verstehen. Dadurch wird indirekt Einfluss auf das Denken des Patienten genommen, ohne dass es bewusst hinterfragt wird.

Es wird zum Beispiel angenommen, dass der Heilungsprozess bereits begonnen hat oder dass der Patient bereits Fortschritte macht, obwohl dies nicht explizit thematisiert wird. Der Patient nimmt diese Annahmen oft an, ohne sie bewusst zu hinterfragen. Die Vorannahmen im Milton-Modell zielen darauf ab, dem Patienten ein Gefühl von Sicherheit und positiver Veränderung zu vermitteln. Dadurch wird der Patient in einen Zustand gebracht, in dem er die Therapie als bereits wirksam erlebt und offen für weitere Fortschritte ist.

 **Patientenaussage:** "Ich hoffe, dass ich bald mehr Veränderungen spüre."

Mögliche Antwort ohne Milton-Modell: Wenn wir den Prozess weiter so gehen, werden sie nach und nach die Veränderung bemerken.

Antwort mit dem Milton-Modell: Wenn wir den Weg kontinuierlich so weitergehen, lässt es sich gar nicht vermeiden, dass sie sich zunehmend besser fühlen.

Erklärung:

1. Utilisation (Nutzung der Patientenwahrnehmung)

Statt zu sagen: „Sie werden Veränderungen spüren" (was Widerstand auslösen könnte), wird die Aussage sanft umformuliert:

„Wenn wir den Weg kontinuierlich so weitergehen" → Baut auf der bisherigen Erfahrung des Patienten auf, ohne eine direkte Verpflichtung zu erzeugen.

2. Suggestion durch Unausweichlichkeit (logische Unvermeidbarkeit)

Die Formulierung „lässt es sich gar nicht vermeiden" impliziert, dass positive Veränderungen automatisch eintreten. Das

reduziert Zweifel, da es eine unausweichliche Wirkung suggeriert, ohne Druck aufzubauen.

3. Vage Sprache & sanfte Verstärkung
„zunehmend besser fühlen" → Offen gehalten, sodass der Patient seine eigene Bedeutung hineininterpretieren kann.
Kein exaktes Zeitfenster, wodurch Erwartungsdruck vermieden
wird.

4. Widerstandsvermeidung durch positive Rahmung
Die Antwort macht Veränderung nicht zur Anstrengung, son-
dern zu einer natürlichen Konsequenz. Der Patient wird in einen
Denkrahmen versetzt, in dem Fortschritt selbstverständlich ist.

Alternative Kurzantworten mit dem Milton-Modell:

-„Es ist spannend zu beobachten, wie sich Veränderungen oft
ganz von selbst entfalten."

-„Mit jedem Schritt verstärkt sich dieser Prozess ganz natürlich."

-„Viele stellen fest, dass es kaum ausbleibt, dass sie sich nach
und nach immer wohler fühlen."

Diese Varianten stärken die Erwartung positiver Veränderung,
ohne Druck oder Zweifel zu erzeugen.

Patientenaussage: "Ich wünschte, ich könnte mich endlich entspannter fühlen."

Mögliche Antwort ohne Milton-Modell: "Mit den richtigen Techniken wird es Ihnen nach und nach immer leichter fallen, sich zu entspannen."

Antwort mit dem Milton-Modell: "Allein, dass Sie sich das wünschen, zeigt, dass Ihr Körper bereits beginnt, sich auf Entspannung einzulassen."

Erklärung:

1. Utilisation (Nutzung der Patientenwahrnehmung)
Statt dem Wunsch des Patienten nur zuzustimmen oder eine direkte Lösung anzubieten, wird er als Hinweis auf einen bereits begonnenen Prozess genutzt. Dies gibt dem Patienten das Gefühl, dass Veränderung bereits geschieht.

2. Reframing durch komplexe Äquivalenz
Die Aussage stellt eine neue Verbindung her: „Der Wunsch nach Entspannung = der erste Schritt zur Entspannung". Dadurch sieht der Patient seinen Wunsch nicht mehr als Defizit, sondern als Zeichen dafür, dass sich sein Körper bereits darauf vorbereitet.

3. Vage Sprache & Suggestionen

„zeigt, dass Ihr Körper bereits beginnt" → Impliziert eine positive Veränderung, ohne eine direkte Anweisung zu geben.

„sich auf Entspannung einzulassen" → Sanfte Formulierung, die den Prozess erleichtert, statt ihn zur Leistung zu machen.

4. Widerstandsvermeidung durch sanfte Verstärkung

Die Antwort macht Entspannung nicht zu einer Herausforderung, sondern zu etwas, das bereits geschieht. Der Patient wird in einen Denkrahmen geführt, in dem er sich selbst auf dem richtigen Weg sieht.

Alternative Kurzantworten mit dem Milton-Modell:

-„Allein dieser Wunsch zeigt, dass Sie bereits auf dem besten Weg zur Entspannung sind."

-„Ihr Körper kennt Entspannung – und oft beginnt sie genau mit dieser Erkenntnis."

-„Interessant, viele bemerken genau in solchen Momenten, dass Entspannung sich bereits leise ankündigt."

Diese Varianten nehmen dem Patienten die Sorge, „noch nicht soweit zu sein", und verstärken das Gefühl, dass die Lösung bereits in ihm liegt.

Patientenaussage: "Ich frage mich, ob sich meine Situation wirklich verbessern kann."

Mögliche Antwort ohne Milton-Modell: "Veränderung braucht manchmal Zeit, aber wir arbeiten gemeinsam daran."

Antwort mit dem Milton-Modell: "Allein, dass Sie sich diese Frage stellen, zeigt, dass Ihr Unterbewusstsein bereits nach neuen Möglichkeiten sucht."

Erklärung:

1. Utilisation (Nutzung der Patientenwahrnehmung)
Die Unsicherheit des Patienten wird nicht als Problem betrachtet, sondern als Zeichen eines inneren Prozesses, der bereits begonnen hat.

2. Reframing durch komplexe Äquivalenz
Die Aussage setzt das Zweifeln mit innerer Lösungsfindung gleich. Anstatt die Frage als Unsicherheit zu deuten, wird sie als Beweis dafür genutzt, dass das Unterbewusstsein bereits aktiv nach Lösungen sucht.

3. Vage Sprache & Suggestionen

„zeigt, dass Ihr Unterbewusstsein bereits nach neuen Möglichkeiten sucht" → Impliziert eine positive Entwicklung, ohne sie
zu erzwingen.

„bereits" → Suggeriert, dass Veränderung schon im Gange ist,
was Hoffnung und Zuversicht stärkt.

4. Widerstandsvermeidung durch sanfte Verstärkung

Anstatt eine direkte Antwort auf die Unsicherheit zu geben, wird
eine neue Perspektive eröffnet: Der Patient erkennt, dass sein
eigener Denkprozess bereits Teil der Lösung ist.

Alternative Kurzantworten mit dem Milton-Modell:

-„Allein, dass Sie sich diese Frage stellen, ist oft ein erster Hin
weis darauf, dass Veränderung bereits beginnt."

-„Ihr Unterbewusstsein scheint bereits aktiv nach Lösungen zu
suchen – das ist ein gutes Zeichen."

-„Viele stellen genau in diesem Moment fest, dass sie innerlich
schon mehr wissen, als sie glauben."

Diese Varianten verstärken das Vertrauen des Patienten in den
eigenen Veränderungsprozess und lenken seine Aufmerksamkeit auf innere Ressourcen.

Gedankenlesen

Gedankenlesen liegt vor, wenn jemand behauptet, zu wissen, was eine andere Person denkt oder fühlt, ohne dass diese es gesagt oder gezeigt hat.

ANALYSE

Es ist, als ob jemand sagt: *"Ich weiß genau, was du denkst oder fühlst."* Aber eigentlich hat die andere Person das gar nicht gesagt, und man kann es nicht sicher wissen. Heilpraktiker könnten Gedankenlesen in Aussagen von Patienten bemerken, z. B.: *""Sie glauben bestimmt, dass ich mich nur anstelle."* Hier wird eine Vermutung über die Gedanken des Heilpraktikers aufgestellt, ohne dass es Beweise dafür gibt. Der Heilpraktiker kann durch offene und klärende Kommunikation helfen, solche Annahmen zu hinterfragen.

Gedankenlesen ist die Annahme, dass wir wissen, was andere denken oder fühlen, ohne es ihnen zu sagen.
Frage: „Wie können Sie sicher sein, dass das so ist?
Haben Sie diese Person direkt gefragt, was sie denkt oder fühlt?"

Beim Gedankenlesen wird behauptet, man wisse, was der andere denkt oder fühlt, ohne dass er es gesagt hat.

Es klingt so, als könne man in den Kopf des anderen schauen – ohne Beleg oder Nachfrage.

Beispielsatz:
„Du bist genervt von mir."

Die Aussage wirkt, als wäre der Gedanke des anderen klar und offensichtlich – doch vielleicht ist er gar nicht genervt, sondern einfach müde oder still.

Reaktion:
Der andere fühlt sich missverstanden oder kontrolliert, obwohl er nichts gesagt hat.

METAPHER

Das ist, wie wenn du denkst: „Mein Chef hält meine Arbeit für schlecht, weil er gestern so kurz angebunden war." Aber vielleicht war er einfach nur gestresst oder hatte ein wichtiges Meeting. Gedankenlesen führt oft zu Missverständnissen, weil wir keine Fakten haben, sondern nur Vermutungen.

Eine besonders häufige Satzverletzung ist das Gedankenlesen – die Annahme, zu wissen, was eine andere Person denkt oder fühlt, ohne dass diese es tatsächlich gesagt oder bestätigt hat.

Solche Aussagen begegnen Heilpraktikern häufig in der Arbeit mit Patienten, zum Beispiel:

„Mein Chef mag mich nicht.“
„Der Arzt hält mich bestimmt für einen Hypochonder.“
„Mein Körper wird sich nie erholen.

Diese Formulierungen basieren oft auf Interpretationen oder Befürchtungen, die nicht zwangsläufig der Realität entsprechen. Sie können das Wohlbefinden stark beeinflussen, weil sie als absolute Wahrheit empfunden werden und einschränkende Glaubenssätze verstärken.

Mithilfe des Meta-Modells kann ein Heilpraktiker gezielt hinterfragen, wie der Patient zu dieser Annahme kommt. Durch Fragen wie „Woher weißt du das?“, „Hat die Person das tatsächlich gesagt?“ oder „Gibt es Situationen, in denen das nicht so war?“ wird die vermeintliche Gewissheit aufgelöst. Dies hilft dem Patienten, neue Perspektiven zu entwickeln, seine Denkmuster zu überprüfen und mehr Handlungsspielraum zu gewinnen.

Patientenaussage: „Ich sehe es Ihnen an, Sie glauben mir kein Wort."

Mögliche Antwort ohne Meta-Modell: „Doch, natürlich glaube ich Ihnen."

Antwort mit dem Meta-Modell: „Was genau lässt Sie denken, dass ich Ihnen nicht glaube?"

Erklärung:
Der Patient nimmt an, er könne die Gedanken oder die innere Haltung des Heilpraktikers erkennen („Ich sehe es Ihnen an, Sie glauben mir kein Wort."), ohne dass dies tatsächlich bestätigt wurde.

Antwort ohne Meta-Modell:

Die direkte Gegenreaktion „Doch, natürlich glaube ich Ihnen." widerspricht der Annahme des Patienten, geht aber nicht darauf ein, warum er zu dieser Vermutung kommt. Das könnte dazu führen, dass der Patient sich nicht ernst genommen fühlt.

Antwort mit Meta-Modell:

Die Frage „Was genau lässt Sie denken, dass ich Ihnen nicht glaube?" fordert den Patienten auf, seine Wahrnehmung zu hinterfragen. Dadurch öffnet sich das Gespräch für eine Klärung der tatsächlichen Beziehung zwischen Patient und Heilpraktiker und verhindert Missverständnisse.

Patientenaussage: „Sie denken sicher, dass ich mir das alles nur einbilde."

Mögliche Antwort ohne Meta-Modell: „Ähh nein."

Antwort mit dem Meta-Modell: „Das klingt, als ob Sie annehmen, ich hätte eine feste Meinung dazu. Was bringt Sie zu dieser Vermutung?"

Erklärung:
Der Patient glaubt zu wissen, was der Heilpraktiker denkt obwohl er keine tatsächlichen Beweise dafür hat. Dies kann zu Missverständnissen oder einer defensiven Haltung führen.

Antwort ohne Meta-Modell:

Die kurze und direkte Reaktion „Ähh nein." weist die Annahme zwar zurück, bietet jedoch keine Möglichkeit, die dahinterliegende Denkweise des Patienten zu hinterfragen oder zu reflektieren

Antwort mit Meta-Modell:

Die Frage „Das klingt, als ob Sie annehmen, ich hätte eine feste Meinung dazu. Was bringt Sie zu dieser Vermutung?" macht die unbewiesene Annahme explizit und regt den Patienten dazu an, seine eigene Interpretation zu hinterfragen. Dadurch wird die Kommunikation offener und ermöglicht ein tieferes Gespräch über die tatsächlichen Gedanken und Gefühle des Patienten.

Patientenaussage: „Na ja, viele Ärzte haben das gesagt, und ich denke, Sie denken das auch."

Mögliche Antwort ohne Meta-Modell: „Das höre ich am An-fang oft."

Antwort mit dem Meta-Modell: „Was brauchen sie damit sie das künftig nicht denken?"

Erklärung:

In dieser Aussage liegt eine Kombination aus Generalisierung („Viele Ärzte haben das gesagt") und Gedankenlesen („Ich denke, Sie denken das auch") vor. Der Patient nimmt an, dass der Heilpraktiker dieselbe Meinung wie andere Ärzte hat, ohne dies tatsächlich zu wissen.

Antwort ohne Meta-Modell:

Die Aussage „Das höre ich am Anfang oft." bestätigt indirekt die Annahme des Patienten, ohne sie zu hinterfragen. Sie geht nicht darauf ein, warum der Patient zu dieser Schlussfolgerung kommt.

Antwort mit Meta-Modell:

Die Frage „Was brauchen Sie, damit Sie das künftig nicht denken?" bringt den Patienten dazu, seinen eigenen Denkprozess zu reflektieren. Sie gibt ihm zudem die Möglichkeit, seine Erwartungen an das Gespräch aktiv zu formulieren, anstatt in einer voreingenommenen Annahme stecken zu bleiben.

Das Milton-Modell im Einsatz mit Gedankenlesen

Ein Gespräch, in dem der Heilpraktiker das Milton-Modell im Bereich Gedankenlesen anwendet, würde darauf abzielen, dem Patienten das Gefühl zu geben, dass der Heilpraktiker seine inneren Gedanken, Gefühle oder Überzeugungen versteht, ohne dass diese explizit geäußert wurden. Gedankenlesen ist eine Technik, bei der der Therapeut dem Patienten vermittelt, dass er weiß, was dieser fühlt oder denkt, und dies auf eine Weise ausdrückt, die Vertrauen und Nähe schafft. Dies führt dazu, dass der Patient sich verstanden fühlt und eine tiefere Verbindung zum Heilungsprozess aufbaut.

Es verstärkt das Vertrauen des Patienten in die Behandlung und seine eigene Fähigkeit, Fortschritte zu machen. Da die Aussagen des Heilpraktikers auf den möglichen Empfindungen und Gedanken des Patienten basieren, fühlt sich der Patient verstanden und ermutigt, auf subtile innere Veränderungen zu achten.

Patientenaussage: "Ich bin etwas verunsichert und mache mir Gedanken, es ist alles so ungewohnt."

Mögliche Antwort ohne Milton-Modell: "Ich verstehe das, aber sie werden sich daran gewöhnen."

Antwort mit dem Milton-Modell: "Ich weiß, dass sie sich vielleicht Sorgen machen, ob diese Behandlung wirklich den gewünschten Effekt haben wird, und das ist ganz normal."

Erklärung:
Die Antwort „Ich weiß, dass Sie sich vielleicht Sorgen machen, ob diese Behandlung wirklich den gewünschten Effekt haben wird, und das ist ganz normal." nutzt gezielt hypnotische Sprachmuster, um Verständnis zu zeigen, die Bedenken des Patienten zu normalisieren und Vertrauen aufzubauen.

1. Gedankenlesen als gezielte Technik
Das Milton-Modell nutzt Gedankenlesen bewusst als sprachliches Mittel, um eine Verbindung zum Patienten herzustellen.

„Ich weiß, dass Sie sich vielleicht Sorgen machen..." → Dies suggeriert, dass der Sprecher bereits versteht, was im Patienten vorgeht, ohne dass dieser es explizit gesagt hat.

„...ob diese Behandlung wirklich den gewünschten Effekt haben wird" → Ein möglicher, unausgesprochener Gedanke wird in Worte gefasst, was für den Patienten beruhigend sein kann.

Im Gegensatz zum Meta-Modell, das ungenaue Aussagen hinterfragt („Woran merken Sie, dass Sie verunsichert sind?"), nutzt das Milton-Modell solche unscharfen Formulierungen gezielt, um Rapport und Akzeptanz zu fördern.

2. Normalisierung und Reframing der Unsicherheit

„und das ist ganz normal" → Diese Formulierung nimmt dem Patienten das Gefühl, dass mit ihm etwas nicht stimmt. Unsicherheit wird als natürlicher Teil des Prozesses dargestellt.

Dadurch wird verhindert, dass der Patient sich in seinen Sorgen verliert. Er erhält stattdessen die implizite Botschaft: „Unsicherheit ist okay – und sie gehört dazu."

3. Vage Sprache & Widerstandsvermeidung

„Ich weiß, dass Sie sich vielleicht Sorgen machen" → Das „vielleicht" hält die Aussage offen, sodass sich der Patient nicht bevormundet fühlt.

„...den gewünschten Effekt haben wird" → Diese Formulierung suggeriert, dass es einen positiven Ausgang gibt, an den man glauben kann.

4. Vergleich mit einer direkten Antwort ohne Milton-Modell

Die Alternative „Ich verstehe das, aber Sie werden sich daran gewöhnen." klingt eher belehrend und gibt eine direkte Prognose, was Widerstand hervorrufen könnte.

Die Milton-Modell-Antwort hingegen nutzt indirekte Suggestionen, um den Patienten sanft in eine akzeptierende Haltung zu führen.

Alternative Kurzantworten mit dem Milton-Modell:

-„Es ist völlig nachvollziehbar, dass diese neue Erfahrung erst mal ungewohnt wirkt."

-„Viele Menschen haben genau diese Gedanken – das zeigt, dass sie sich aktiv mit dem Prozess auseinandersetzen."

-„Es ist spannend, wie sich nach und nach mehr Vertrauen in den Prozess entwickelt."

Diese Varianten behalten die weiche, verständnisvolle Haltung bei und lenken den Fokus auf eine natürliche Anpassung.

 **Patientenaussage:** "Ich bin mir nicht sicher, ob das für mich funktionieren wird."

Mögliche Antwort ohne Milton-Modell: "Das können wir gemeinsam herausfinden, indem Sie es einfach ausprobieren."

Antwort mit dem Milton-Modell: "Ich weiß, dass Sie sich vielleicht fragen, ob das wirklich für Sie funktioniert – und genau das zeigt, dass Sie bereit sind, neue Wege zu entdecken."

Erklärung:
1. Gedankenlesen als Verbindungsmittel
„Ich weiß, dass Sie sich vielleicht fragen..." → Diese Formulierung erzeugt das Gefühl, dass der Sprecher die Gedanken des Patienten versteht, ohne ihn zu belehren.

„ob das wirklich für Sie funktioniert" → Diese Unsicherheit wird als natürliche Frage anerkannt, ohne sie zu bewerten.

Durch dieses gezielte Gedankenlesen wird ein tiefes Rapport aufgebaut, weil sich der Patient verstanden fühlt.

2. Reframing durch positive Umdeutung
„genau das zeigt, dass Sie bereit sind, neue Wege zu entdecken" → Die Unsicherheit wird nicht als Hindernis dargestellt, sondern als Zeichen für Offenheit und Bereitschaft zur Veränderung.

Der Patient kann sich dadurch eher als jemand wahrnehmen, der aktiv nach Lösungen sucht, anstatt sich in Zweifeln zu verlieren.

3. Vage Sprache & Suggestionen
„Sie sich vielleicht fragen" → Das Wort „vielleicht" hält die Aussage offen und vermeidet Widerstand.
„bereit sind, neue Wege zu entdecken" → Eine sanfte Suggestion, die eine positive innere Haltung verstärkt, ohne Druck aufzubauen.

4. Widerstandsvermeidung durch sanfte Bestätigung
Statt dem Patienten zu sagen, dass er keine Zweifel haben muss oder dass es sicher funktioniert, wird seine Unsicherheit als wertvolle Ressource betrachtet.

Alternative Kurzantworten mit dem Milton-Modell:

-„Interessant, genau solche Fragen sind oft ein Zeichen dafür, dass Veränderung bereits beginnt."

-„Viele Menschen stellen sich genau diese Frage – und oft ist das der erste Schritt, um neue Möglichkeiten zu entdecken."

-„Allein, dass Sie sich diese Gedanken machen, zeigt, dass Sie offen für neue Erfahrungen sind."

Diese Antworten helfen dem Patienten, seine Unsicherheit als einen natürlichen Teil seines Veränderungsprozesses zu akzeptieren und sich darauf einzulassen.

Patientenaussage: "Ich weiß nicht, ob das wirklich etwas für mich ist. Irgendwie bin ich mir unsicher."

Mögliche Antwort ohne Milton-Modell: "Sie können es einfach ausprobieren und sehen, ob es Ihnen hilft."

Antwort mit dem Milton-Modell: "Ich weiß, dass Sie sich vielleicht fragen, ob das der richtige Weg für Sie ist – und genau diese Überlegung zeigt, dass Sie offen für Veränderung sind."

Erklärung:

1. Gedankenlesen als Verbindungsmittel

„Ich weiß, dass Sie sich vielleicht fragen..." → Diese Formulierung suggeriert, dass der Sprecher versteht, was der Patient denkt, ohne es direkt auszusprechen.

„ob das der richtige Weg für Sie ist" → Hier wird eine mögliche Unsicherheit des Patienten konkret formuliert, was ihm das Gefühl gibt, verstanden zu werden.

Durch Gedankenlesen wird der innere Dialog des Patienten sprachlich aufgenommen, was eine emotionale Verbindung schafft.

2. Reframing durch positive Umdeutung

„genau diese Überlegung zeigt, dass Sie offen für Veränderung sind" → Hier wird Unsicherheit nicht als Problem dargestellt, sondern als Zeichen für eine aufgeschlossene Haltung.

Diese Umdeutung hilft dem Patienten, seine Unsicherheit in einem neuen Licht zu sehen – als natürlichen Teil eines Entwicklungsprozesses.

3. Vage Sprache & Suggestionen

„Sie sich vielleicht fragen" → Das Wort „vielleicht" hält die Aussage offen und vermeidet Widerstand.

„zeigt, dass Sie offen für Veränderung sind" → Eine sanfte Suggestion, die den Fokus auf eine positive Eigenschaft lenkt.

4. Widerstandsvermeidung durch Akzeptanz

Anstatt den Patienten direkt zum Handeln aufzufordern, wird sein eigener Denkprozess validiert und als sinnvoll dargestellt. Das nimmt Druck und fördert eine natürliche Öffnung für Veränderung.

Alternative Kurzantworten mit dem Milton-Modell:

-„Es ist völlig verständlich, sich diese Frage zu stellen – viele merken genau dann, dass sie offen für neue Möglichkeiten sind."

-„Die Tatsache, dass Sie darüber nachdenken, zeigt, dass Sie innerlich schon bereit sind, den nächsten Schritt zu machen."

Diese Varianten verstärken die Selbstwirksamkeit des Patienten und helfen ihm, seine Unsicherheit als Teil eines positiven Veränderungsprozesses wahrzunehmen.

Verlorener Performativ

DEFINITION

Ein verlorener Performativ liegt vor, wenn eine Bewertung oder Meinung geäußert wird, ohne dass klar ist, wer diese Meinung hat oder nach welchen Maßstäben sie bewertet wurde.

ANALYSE

Eine allgemeine Aussage wird gemacht, ohne die Quelle zu nennen. Frage: „Wer hat diese Aussage gemacht? Gibt es eine spezifische Quelle oder Referenz für diese Information?"

Es ist, als ob jemand sagt: *"Das ist so, weil es so ist."* Aber niemand sagt, wer das entschieden hat oder warum es so sein soll. Heilpraktiker könnten solche Aussagen von Patienten hören, z. B.: *"Das ist einfach ungesund."* Hier ist nicht klar, wer oder was bestimmt, dass es ungesund ist. Der Heilpraktiker kann durch gezielte Nachfragen wie *"Wer sagt das?"* oder *"Nach welchen Kriterien wird das bewertet?"* helfen, die Quelle dieser Bewertung aufzudecken und Klarheit zu schaffen.

Beim verlorenen Performativ wird ein Urteil oder eine Bewertung ausgesprochen – ohne zu sagen, von wem diese Einschätzung stammt.

Es klingt nach einer objektiven Wahrheit, dabei ist es nur eine Meinung, aber die Quelle fehlt.

Beispielsatz:
„Das ist einfach falsch."

Wer sagt das? Nach wessen Maßstab? Die Bewertung steht im Raum, ohne Bezugsperson oder Begründung.

Reaktion:
Der andere fühlt sich bewertet oder abgewertet, ohne nachvollziehen zu können, woher die Bewertung kommt.

METAPHER

Das ist, wie wenn jemand sagt: „Diese Entscheidung ist falsch." Aber wer bestimmt, was richtig oder falsch ist? Ohne die Kriterien oder die Person, die das beurteilt, zu benennen, bleibt die Aussage vage und unüberprüfbar.

Das Meta-Modell im Einsatz mit dem Verlorenen Performativ

Solche Formulierungen begegnen Heilpraktikern oft in Gesprächen mit Patienten, zum Beispiel:

„Das macht man einfach so."
„Es ist schlecht, seine Gefühle zu zeigen."
„Man sollte immer positiv denken."

Diese Aussagen wirken allgemeingültig, doch sie verschleiern, wer diese Regeln oder Bewertungen eigentlich aufgestellt hat. Dadurch kann der Patient sich unbewusst an einschränkende Glaubenssätze binden, ohne diese zu hinterfragen.

Ein Heilpraktiker kann mit dem Meta-Modell gezielt nachfragen, um diese Annahmen zu hinterfragen und den Ursprung der Bewertung sichtbar zu machen. Fragen wie „Wer sagt das?", „Nach wessen Maßstab?" oder „Gilt das wirklich immer und für jeden?" helfen dem Patienten, seine Überzeugungen zu reflektieren und gegebenenfalls flexibler zu gestalten.

Dies eröffnet neue Möglichkeiten für eine positivere und selbstbestimmte Sichtweise auf die eigene Gesundheit und das Leben.

 **Patientenaussage:** „Man sollte sich nicht so viele Hoffnungen machen."

Mögliche Antwort ohne Meta-Modell: „Warum denken Sie das?"

Antwort mit dem Meta-Modell: „Wer sagt das? Nach welchen Kriterien wird das beurteilt?"

Erklärung:
In dieser Aussage liegt ein verlorener Performativ vor, weil die Quelle der Aussage nicht genannt wird. Es bleibt unklar, wer genau entscheidet, dass man sich „nicht so viele Hoffnungen machen sollte". Solche unklaren Normen oder Regeln können unbewusst übernommen werden, ohne dass ihre Gültigkeit überprüft wird.

Antwort ohne Meta-Modell:
Die Frage „Warum denken Sie das?" hinterfragt zwar die Überzeugung des Patienten, geht aber nicht gezielt auf die ungenannte Quelle der Regel ein.

Antwort mit dem Meta-Modell:
Die Fragen „Wer sagt das?" oder „Nach welchen Kriterien wird das beurteilt?" helfen dem Patienten, die Quelle seiner Annahme zu hinterfragen. Dadurch kann sich zeigen, ob die Regel aus eigener Erfahrung stammt oder unreflektiert übernommen wurde. Dies eröffnet Raum für neue Perspektiven.

 **Patientenaussage:** „Es ist bekannt, dass alternative Heilmethoden nicht wirklich helfen."

Mögliche Antwort ohne Meta-Modell: „Das sehen viele Menschen anders."

Antwort mit dem Meta-Modell: „Wer sagt das? Worauf basiert diese Annahme?"

Erklärung:
Hier liegt ein verlorener Performativ vor, weil nicht klar ist, wer genau diese Aussage getroffen hat („Es ist bekannt"). Die Quelle bleibt vage, sodass die Aussage wie eine allgemeingültige Wahrheit erscheint.

Antwort ohne Meta-Modell:

Die Aussage „Das sehen viele Menschen anders." stellt zwar eine Gegenmeinung dar, hinterfragt aber nicht direkt die Quelle der ursprünglichen Aussage.

Antwort mit dem Meta-Modell:

Die Fragen „Wer sagt das?" und „Worauf basiert diese Annahme?" helfen dem Patienten, die Herkunft seiner Überzeugung zu reflektieren. Dadurch kann sich zeigen, ob die Aussage auf tatsächlichen Fakten beruht oder nur eine unbewusst übernommene Meinung ist.

Patientenaussage: „Man muss einfach damit klarkommen."

Mögliche Antwort ohne Meta-Modell: „Ja, das ist manchmal schwer."

Antwort mit dem Meta-Modell: „Wer sagt das? Nach welchen Maßstäben wird das beurteilt?"

Erklärung:
Hier liegt ein verlorener Performativ vor, weil nicht klar ist, wer diese Regel aufgestellt hat („Man muss einfach damit klarkommen."). Die Aussage wird als allgemeingültig präsentiert, ohne eine konkrete Quelle oder Begründung zu nennen.

Antwort ohne Meta-Modell:

Die Aussage „Ja, das ist manchmal schwer." bestätigt indirekt die Regel, ohne sie zu hinterfragen. Sie geht nicht auf die Herkunft der Annahme ein.

Antwort mit dem Meta-Modell:

Die Fragen „Wer sagt das?" oder „Nach welchen Maßstäben wird das beurteilt?" bringen den Patienten dazu, die Quelle dieser Regel zu hinterfragen. Dadurch kann erkannt werden, ob diese Annahme aus eigener Erfahrung stammt oder unreflektiert übernommen wurde.

Das Milton-Modell im Einsatz mit dem Verlorenen Performativ

Im Milton-Modell bezieht sich der Verlorene Performativ auf eine Aussage, bei der derjenige, der ein Urteil abgibt oder eine Bewertung vornimmt, nicht genannt wird. Dies macht die Aussage schwerer zu hinterfragen, da unklar bleibt, wer das Urteil gefällt hat.

Der Fokus liegt auf der Bewertung selbst, nicht darauf, wer sie ausgesprochen hat. Dadurch wirkt die Aussage allgemeingültig oder „objektiv", was sie beim Zuhörer (in diesem Fall dem Patienten) überzeugender macht. In einem Gespräch, in dem der Heilpraktiker das Milton-Modell im Bereich Verlorener Performativ anwendet, könnte es so aussehen, dass allgemeine Bewertungen getroffen werden („Es ist gut, dies zu tun"), ohne zu sagen, wer das so sieht. Dadurch wird beim Patienten der Eindruck erzeugt, dass die Aussage allgemein anerkannt oder selbstverständlich ist.

Die Technik des „Verlorenen Performativs" im Milton-Modell schafft eine Art „implizite Autorität". Der Patient akzeptiert die Aussagen oft als selbstverständlich und fühlt sich dadurch bestätigt, was das Vertrauen in die Behandlung und die Kommunikation mit dem Heilpraktiker stärkt.

 **Patientenaussage:** "Es heißt, dass Veränderungen viel Zeit brauchen."

Mögliche Antwort ohne Milton-Modell: "Ja, manchmal dauern Veränderungen etwas länger, aber jeder kleine Schritt zählt."

Antwort mit dem Milton-Modell: "Interessant, denn oft zeigen sich Veränderungen genau dann, wenn man es am wenigsten erwartet."

Erklärung:

1. Verlorener Performativ als Sprachmuster

Der Patient verwendet die Aussage „Es heißt, dass...", ohne eine konkrete Quelle zu benennen. Diese Formulierung enthält eine unbestimmte Autorität und wird im Milton-Modell genutzt, um subjektive Wahrheiten zu hinterfragen, ohne Widerstand zu erzeugen.

2. Reframing durch eine neue Perspektive

Die Antwort „oft zeigen sich Veränderungen genau dann, wenn man es am wenigsten erwartet" stellt die allgemeine Annahme des Patienten infrage, ohne sie direkt zu widerlegen.

Dadurch entsteht eine neue Sichtweise: Veränderung muss nicht zwangsläufig lange dauern – sie kann auch überraschend eintreten.

116

3. Vage Sprache & Suggestionen

„oft zeigen sich Veränderungen..." → Keine absolute Aussage, sondern eine offene Möglichkeit.

„genau dann, wenn man es am wenigsten erwartet" → Impliziert eine natürliche, fast magische Qualität von Veränderungsprozessen, ohne Druck aufzubauen.

4. Widerstandsvermeidung durch indirekte Suggestion

Anstatt direkt zu sagen: „Veränderung kann auch schnell gehen", wird der Gedanke durch eine allgemeine, erfahrungsbasierte Aussage angeregt. Dies ermöglicht dem Patienten, die Möglichkeit selbst in Betracht zu ziehen, ohne sich belehrt zu fühlen.

Alternative Kurzantworten mit dem Milton-Modell:

-„Manchmal geschieht Veränderung genau in dem Moment, in dem man aufhört, sie zu erwarten."

-„Es ist spannend, wie viele Menschen plötzlich feststellen, dass sich Dinge bereits verändern, ohne es bewusst zu merken."

-„Vielleicht zeigt sich Veränderung ja bereits – nur noch nicht auf die Weise, die Sie erwarten."

Diese Antworten lösen die starren Überzeugungen des Patienten auf, ohne Konfrontation zu erzeugen, und öffnen den Raum für neue Möglichkeiten.

Patientenaussage: "Man sagt, dass es schwer ist, alte Gewohnheiten zu verändern."

Mögliche Antwort ohne Milton-Modell: "Ja, Gewohnheiten zu ändern kann herausfordernd sein, aber mit der richtigen Strategie gelingt es Schritt für Schritt."

Antwort mit dem Milton-Modell: "Interessant, oft bemerken Menschen gar nicht, wie leicht sich Veränderungen manchmal von selbst ergeben."

Erklärung:
1. Verlorener Performativ als Sprachmuster
Der Patient verwendet die Formulierung „Man sagt, dass...", ohne eine konkrete Quelle zu nennen. Dadurch wirkt die Aussage als allgemeingültige Wahrheit. Das Milton-Modell nutzt solche Formulierungen, um Annahmen sanft zu hinterfragen und in eine neue Richtung zu lenken.

2. Reframing durch eine neue Perspektive
Die Antwort „oft bemerken Menschen gar nicht, wie leicht sich Veränderungen manchmal von selbst ergeben" stellt die Überzeugung des Patienten infrage, ohne sie direkt zu widerlegen.

Dadurch wird die Möglichkeit geschaffen, dass Veränderungen auch einfach sein können.

3. Vage Sprache & Suggestionen
„oft bemerken Menschen gar nicht..." → Allgemeine Aussage, die der Patient nicht sofort ablehnen kann.

„wie leicht sich Veränderungen manchmal von selbst ergeben" → Öffnet einen neuen Denkraum und suggeriert, dass Veränderung nicht zwangsläufig schwer sein muss.

4. Widerstandsvermeidung durch indirekte Suggestion
Anstatt direkt zu widersprechen („Veränderungen können auch leicht sein"), wird eine allgemeine Beobachtung formuliert, die Raum für eine neue Erfahrung bietet. Der Patient kann selbst entdecken, ob diese Aussage für ihn zutrifft.

Alternative Kurzantworten mit dem Milton-Modell:

-„Viele stellen irgendwann überrascht fest, dass sich Verände rungen fast wie von selbst ergeben."

-„Es ist spannend, wie leicht manche Dinge sich verändern, sobald man aufhört, gegen sie zu kämpfen."

-„Vielleicht haben Sie ja bereits erste Veränderungen bemerkt, nur noch nicht bewusst wahrgenommen."

Diese Antworten lösen die starre Überzeugung des Patienten sanft auf und ermöglichen eine flexiblere Wahrnehmung von Veränderung.

 **Patientenaussage:** "Es heißt, dass Stress unge-
sund ist und man ihn unbedingt vermeiden sollte."

Mögliche Antwort ohne Milton-Modell: "Stress kann sich
tatsächlich negativ auswirken, aber es gibt auch Wege, ihn positiv zu nutzen."

Antwort mit dem Milton-Modell: "Interessant, viele stellen
fest, dass Stress manchmal genau die Energie liefert, die sie für
positive Veränderungen brauchen."

Erklärung:
1. Verlorener Performativ als Sprachmuster
Der Patient verwendet die Formulierung „Es heißt, dass...",
ohne eine konkrete Quelle anzugeben. Dies suggeriert eine
allgemeingültige Wahrheit. Das Milton-Modell nutzt solche vagen Aussagen, um sie sanft umzudeuten.

2. Reframing durch neue Perspektive
Die Antwort „Stress kann genau die Energie liefern, die für
Veränderungen nötig ist" stellt das Problem in einen positiven
Zusammenhang.Statt Stress als etwas Schlechtes zu sehen,
wird er als Ressource für Wachstum und Entwicklung darge-
stellt.

3. Vage Sprache & Suggestionen
„Viele stellen fest, dass..." → Keine absolute Behauptung,
sondern eine allgemeine Beobachtung.

„manchmal genau die Energie liefert" → Betont die Möglichkeit, ohne sie zu erzwingen.

„die sie für positive Veränderungen brauchen" → Lenkt den Fokus auf einen konstruktiven Nutzen von Stress.

4. Widerstandsvermeidung durch indirekte Suggestion
Anstatt direkt zu sagen „Stress ist nicht nur schlecht", wird eine neue Perspektive eröffnet, die der Patient selbst erkunden kann. Dies vermeidet Widerstand und lädt zu einer neuen Sichtweise ein.

Alternative Kurzantworten mit dem Milton-Modell:

-„Viele bemerken irgendwann, dass Stress auch ein Signal für Veränderungsbereitschaft sein kann."

-„Spannend – manche Menschen nutzen genau diese Energie, um etwas in ihrem Leben zu verbessern."

-„Vielleicht gibt es ja Momente, in denen Stress Ihnen sogar geholfen hat, eine wichtige Entscheidung zu treffen."

Diese Varianten ermöglichen dem Patienten eine neue Sichtweise auf Stress, ohne seine ursprüngliche Annahme direkt zu widerlegen.

Tilgung

Tilgung beschreibt im Meta-Modell der Sprache eine Sprachverletzung, bei der wichtige Informationen weggelassen werden. Dabei bleiben Teile der Aussage unklar oder vage, weil zentrale Elemente – wie Subjekte, Objekte, Zeitangaben oder genauere Umstände – fehlen. Der Zuhörer muss die Lücken gedanklich selbst füllen, was oft zu Missverständnissen oder Fehlinterpretationen führt.

ANALYSE

Bei einer Tilgung wird eine Aussage so formuliert, dass nicht erkennbar ist, was genau gemeint ist oder wer handelt. Das führt dazu, dass der Gesprächspartner – etwa ein Patient – seine Wahrnehmung eingeschränkt beschreibt und dadurch oft unbewusst seine eigene Handlungsfähigkeit begrenzt. Besonders in der therapeutischen Kommunikation ist es wichtig, solche sprachlichen Lücken zu erkennen und gezielt nachzufragen, um dem Patienten Klarheit über seine Situation zu verschaffen. Ein weiterer Effekt: Durch das Auslassen von Details kann der emotionale Gehalt der Aussage hoch bleiben, ohne dass konkrete Inhalte benannt werden. Dadurch entstehen diffuse Gefühle oder Verallgemeinerungen, die sich negativ auf den Veränderungsprozess auswirken können.

„Es ist alles zu viel."
Frage: *Was genau ist zu viel?*

„Ich fühle mich schlecht."
Frage: *Wobei genau fühlst du dich schlecht? Was heißt „schlecht" für dich?*

„Man sollte etwas ändern."
Frage: *Wer genau sollte was ändern?*

Durch solche Nachfragen wird die Aussage wieder **konkret und greifbar** – und der Patient gewinnt mehr Klarheit über seine eigenen Gedanken und Gefühle.

METAPHER

Tilgung ist wie ein Puzzle mit fehlenden Teilen: Man erkennt vielleicht grob das Bild, aber wichtige Details fehlen – und genau diese Lücken verhindern ein vollständiges Verständnis. Erst wenn die fehlenden Teile eingefügt werden, ergibt sich ein klares Gesamtbild. Das Meta-Modell hilft dabei, diese fehlenden Puzzlestücke sprachlich aufzuspüren und wieder einzusetzen – damit der Patient das ganze Bild seiner Situation erkennen kann.

Die Tilgung ist eine zentrale Sprachverletzung im Meta-Modell der Sprache und begegnet uns in der Kommunikation sehr häufig. Dabei werden bestimmte Informationen in einer Aussage schlicht weggelassen – sei es, weil der Sprecher sie für selbstverständlich hält oder weil sie ihm selbst nicht bewusst sind. Genau hier liegt das Potenzial:

Denn das, was nicht gesagt wird, ist oft genauso bedeutsam wie das, was ausgesprochen wird.

Im Gespräch mit Patienten äußern sich Tilgungen zum Beispiel so:

„Es ist alles zu viel."
„Ich fühle mich schlecht."
„Man sollte etwas ändern."

Diese Aussagen wirken zunächst nachvollziehbar, bleiben aber unscharf und unkonkret. Wer oder was genau ist „zu viel"? Wobei fühlt sich jemand schlecht? Wer genau sollte etwas ändern – und was überhaupt?

Für Heilpraktiker ist es besonders wertvoll, solche sprachlichen Lücken bewusst zu erkennen und gezielt nachzufragen, um mehr Klarheit und Tiefe in das Gespräch zu bringen. Denn je konkreter der Patient seine Situation beschreiben kann, desto besser kann er sie auch reflektieren, einordnen – und schrittweise verändern.

Mit dem gezielten Einsatz des Meta-Modells lassen sich solche Tilgungen auflösen – und damit der Zugang zu Ressourcen, Lösungen und innerer Klarheit öffnen.

 **Patientenaussage:** „Es ist alles zu viel."

Mögliche Antwort ohne Meta-Modell: „Das verstehe ich gut. Wollen Sie mir erzählen, was genau Sie so überfordert?"

Antwort mit dem Meta-Modell:

„Was genau ist „alles"? Was genau ist Ihnen im Moment zu viel?"

Erklärung:

In dieser Aussage liegt eine Tilgung vor, da wichtige Informationen weggelassen wurden. Der Patient sagt zwar „alles", aber es bleibt unklar, was genau gemeint ist – sind es körperliche Symptome, familiäre Anforderungen, beruflicher Stress oder emotionale Belastungen?

Antwort ohne Meta-Modell:

Die Aussage „Wollen Sie mir erzählen, was genau Sie so überfordert?" ist ein guter Einstieg, enthält aber noch keine gezielte Auflösung der Tilgung.

Antwort mit dem Meta-Modell:

Die Frage „Was genau ist ‚alles'?" bringt die Tilgung ans Licht und fordert den Patienten auf, konkreter zu werden. Dadurch kann der Therapeut oder Heilpraktiker besser verstehen, welche Aspekte konkret belastend sind, und gemeinsam mit dem Patienten gezielt daran arbeiten.

Patientenaussage: „Mir fehlt einfach die Energie."

Mögliche Antwort ohne Meta-Modell: „Das kenne ich, das passiert vielen Menschen in stressigen Zeiten."

Antwort mit dem Meta-Modell:
„Was genau meinen Sie mit ‚Energie'? In welchen Bereichen spüren Sie den Mangel am stärksten?"

Erklärung:
In dieser Aussage liegt eine Tilgung vor, da der Begriff „Energie" nicht konkretisiert wird. Es bleibt unklar, ob der Patient körperliche Kraft, geistige Wachheit, emotionale Stabilität oder Antrieb meint. Diese unscharfe Ausdrucksweise erschwert eine gezielte Unterstützung.

Antwort ohne Meta-Modell:

Die Antwort zeigt zwar Mitgefühl, geht aber nicht auf die unklare Bedeutung von „Energie" ein. Dadurch bleibt die Aussage vage.

Antwort mit dem Meta-Modell:

Die Fragen „Was genau meinen Sie mit ‚Energie'?" und „In welchen Bereichen spüren Sie den Mangel am stärksten?" holen die ausgelassene Information zurück, sodass der Patient die Aussage präzisieren kann. Das ermöglicht ein differenzierteres Gespräch und eine gezieltere Hilfestellung.

Patientenaussage: „Ich habe das Gefühl, dass etwas nicht stimmt."

Mögliche Antwort ohne Meta-Modell: „Das kann ich nachvollziehen. Wollen Sie mir mehr darüber erzählen?"

Antwort mit dem Meta-Modell:
„Was genau stimmt aus Ihrer Sicht nicht? Können Sie das etwas konkreter beschreiben?"

Erklärung:
Hier liegt eine Tilgung vor, da der Patient sagt „etwas stimmt nicht", ohne zu benennen, was genau nicht stimmig erscheint. Das „etwas" bleibt vage und unbestimmt, wodurch der Gesprächspartner nicht erfassen kann, worum es tatsächlich geht – körperlich, emotional, sozial oder auf andere Weise.

Antwort ohne Meta-Modell:

Die Aussage „Wollen Sie mir mehr darüber erzählen?" ist offen und freundlich, konkretisiert aber nicht die Tilgung und lässt die Aussage weiterhin diffus.

Antwort mit dem Meta-Modell:

Die Frage „Was genau stimmt aus Ihrer Sicht nicht?" bringt die fehlenden Informationen zurück ins Gespräch. Der Patient wird dazu eingeladen, sein Gefühl zu konkretisieren, was zu mehr Klarheit und einer gezielteren Begleitung führt.

Eine typische sprachliche Struktur im Milton-Modell ist die Tilgung – also das Weglassen von konkreten Informationen, sodass der Zuhörer die Lücken mit seiner eigenen inneren Erfahrung füllt.

Beispiel für Tilgung im Milton-Modell:
„Etwas in Ihnen weiß bereits, was jetzt gut für Sie ist."
→ Was genau weiß etwas in mir?
Was ist dieses „etwas"?
Was ist gut für mich?

Diese Art der Sprache wirkt indirekt, weich und einladend, sodass der Zuhörer unbewusst eigene Bedeutungen ergänzt – genau das ist gewünscht.

Tilgung im Milton-Modell erzeugt also Zugänge zum Unbewussten, wirkt offen und akzeptierend und kann innere Suchprozesse anstoßen, statt auf logische Präzision zu setzen – ganz im Gegensatz zur Struktur des Meta-Modells.

Patientenaussage: "Ich fühle mich irgendwie unwohl in letzter Zeit."

Mögliche Antwort ohne Milton-Modell: "Was genau macht Ihnen dieses Unwohlsein? Können Sie das beschreiben?"

Antwort mit dem Milton-Modell: "Es ist gut, dass Sie dieses Gefühl wahrnehmen – manchmal ist genau das der Beginn von Veränderung."

Erklärung:

1. Tilgung als Sprachmuster
Bei Tilgungen werden wichtige Informationen ausgelassen – meist das „Was genau", „Wie" oder „Wodurch". In der Patientenäußerung ist bereits eine Tilgung enthalten: „Ich fühle mich unwohl" – Unwohl in Bezug worauf? Wodurch genau?

Die Antwort im Milton-Modell greift die vage Formulierung auf, ohne sie zu präzisieren. Im Gegenteil: Sie bleibt ebenso unspezifisch und nutzt genau diese Unschärfe bewusst.

2. Reframing durch Nutzung der Tilgung
„Es ist gut, dass Sie dieses Gefühl wahrnehmen" → Der Begriff „dieses Gefühl" bleibt ebenso unkonkret wie die Aussage des Patienten. Die Unspezifizierbarkeit wird nicht korrigiert (wie im Meta-Modell), sondern zur Ressource gemacht.

3. Vage Sprache & Suggestionen zur Vermeidung von Widerstand „manchmal ist genau das der Beginn von Veränderung"

→ Eine allgemeine, positiv gerahmte Aussage ohne direkte Begründung.

Der Patient wird nicht gezwungen, das Unwohlsein genau zu benennen – stattdessen wird die reine Wahrnehmung bereits als Fortschritt dargestellt.

4. Widerstandsvermeidung durch Akzeptanz des Vagen
Die Antwort bestärkt den Patienten in seiner Wahrnehmung, ohne ihn in eine Analyse zu drängen. So entsteht keine kognitive Überforderung oder Konfrontation, sondern eine weiche Einladung, das Unklare zuzulassen.

Alternative Kurzantworten mit dem Milton-Modell:

-„Manchmal zeigt sich durch solche Empfindungen, dass etwas in Bewegung kommt."

-„Es ist gut, wenn man solche Signale überhaupt bemerkt – viele spüren das erst viel später."

-„Dieses Gefühl kann ein wichtiger Hinweis auf das sein, was sich innerlich neu sortiert."

Diese Varianten greifen die Tilgung bewusst auf, lassen die Unschärfe stehen und nutzen sie als Türöffner für eine positive innere Entwicklung – ganz im Sinne der hypnotischen Sprachmuster im Milton-Modell.

Patientenaussage: "Ich habe einfach das Gefühl, dass es nicht vorangeht."

Mögliche Antwort ohne Milton-Modell: "Woran merken Sie denn, dass es nicht vorangeht? In welchem Bereich konkret?"

Antwort mit dem Milton-Modell: "Solche Phasen gehören oft dazu – sie sind manchmal genau der Moment, in dem sich im Hintergrund schon viel bewegt."

Erklärung:
1. Tilgung als Sprachmuster
In der Patientenäußerung „es geht nicht voran" fehlt eine klare Bezugnahme:

Was geht nicht voran?
In welchem Lebens- oder Heilungsbereich?
Im Vergleich zu was?

Diese Tilgung wird im Milton-Modell nicht aufgelöst, sondern bewusst so stehen gelassen und genutzt.

2. Reframing durch positive Bedeutungsgebung des Unklaren

„dieses innere Signal" ersetzt die unklare „Blockade" durch eine ressourcenorientierte Perspektive. Dadurch wird das unangenehme Gefühl nicht als Störung, sondern als wichtige Information neu interpretiert.

3. Vage Sprache & Suggestionen zur Vermeidung von Widerstand

„oft ist genau das der erste Schritt zur Lösung" → bleibt allgemein, erzeugt aber eine positive Erwartungshaltung, ohne zu sehr zu konkretisieren.

Das Wort „Lösung" wird verwendet, ohne zu sagen, welche Lösung – das lässt Raum für innere Prozesse beim Patienten.

4. Widerstandsvermeidung durch Akzeptanz der Unklarheit

Statt zu fordern, dass der Patient etwas präzise benennen soll, wird seine vage Wahrnehmung gewürdigt und umgedeutet.

Das schafft emotionale Sicherheit und öffnet einen Raum für sanfte Veränderung.

Alternative Kurzantworten mit dem Milton-Modell:

- „Viele Menschen erleben solche Signale als Einladung, einen neuen Zugang zu sich selbst zu finden."

- „Es ist erstaunlich, wie oft sich genau aus solchen Gefühlen der nächste Schritt ergibt."

- „Manchmal sind genau diese inneren Regungen der Anfang von etwas sehr Wertvollem."

Patientenaussage: "Irgendetwas blockiert mich – ich komme einfach nicht weiter."

Mögliche Antwort ohne Milton-Modell: "Was genau blockiert Sie denn? Können Sie das näher benennen?"

Antwort mit dem Milton-Modell: "Es ist gut, dass Sie dieses innere Signal wahrnehmen – oft ist genau das der erste Schritt zur Lösung."

Erklärung:
1. Tilgung als Sprachmuster
In der Patientenaussage steckt eine klassische Tilgung:

Was genau blockiert?

In welchem Bereich kommt die Person nicht weiter?

Welche Art von Weiterkommen ist gemeint?

Die Aussage bleibt vage – und genau diese Vagheit wird im Milton-Modell nicht hinterfragt, sondern gezielt genutzt.

2. Reframing durch positive Bedeutungsgebung des Unklaren

„dieses innere Signal" ersetzt die unklare „Blockade" durch eine ressourcenorientierte Perspektive.

Dadurch wird das unangenehme Gefühl nicht als Störung, sondern als wichtige Information neu interpretiert.

3. Vage Sprache & Suggestionen zur Vermeidung von Widerstand „genau der Moment, in dem sich im Hintergrund schon
viel bewegt" → Auch hier wird der Prozess bewusst unscharf
gehalten, um dem Patienten eine neue Sichtweise zu ermöglichen, ohne Widerspruch zu provozieren.

4. Widerstandsvermeidung durch sanfte Perspektivverschiebung.

Der Patient wird nicht aufgefordert, etwas zu benennen oder
zu analysieren, sondern bekommt eine sinnstiftende Erklärung
für das Unklare.

Das vermittelt Sicherheit im Ungewissen, was gerade in Veränderungsprozessen stärkend wirkt.

Alternative Kurzantworten mit dem Milton-Modell:

-„Oft entsteht gerade in solchen Momenten die tiefste
  Bewegung – auch wenn man sie noch nicht gleich spürt."

-„Viele erleben genau solche Phasen als einen Wendepunkt –
  manchmal merkt man es erst im Rückblick."

-„Es ist erstaunlich, wie oft Veränderung genau dann beginnt,
  wenn es sich zunächst gar nicht so anfühlt."

Diese Varianten greifen die Tilgung gezielt auf und füllen das
Unspezifische mit Bedeutung, ohne es konkretisieren zu müssen – eine typische Stärke hypnotischer Kommunikation nach
dem Milton-Modell.

Fehlender Referenzindex

Ein fehlender Referenzindex liegt vor, wenn in einer Aussage unklar bleibt, auf wen oder was sich diese Aussage bezieht. Allgemeine Aussagen werden getroffen, ohne den Bezug klarzumachen. Frage: „Auf wen oder was beziehen Sie sich mit dieser Aussage? Gibt es spezielle Personen oder Situationen, die dies bestätigen?"

Es ist, als ob jemand sagt: *"Das sagen alle."* Aber man weiß nicht, wer *alle* sein soll. Heilpraktiker könnten solche Aussagen von Patienten hören, z. B.: *"Man sagt, dass diese Medikamente nicht helfen können."* Hier ist unklar, wer *man* ist und woher diese Aussage kommt.

Der Heilpraktiker kann nachfragen, z. B.: *"Wer genau sagt das?"* oder *"Worauf stützt sich diese Aussage?"*, um den Bezug zu klären und Missverständnisse zu vermeiden. Das ist, wie wenn jemand sagt: „Man sollte gesünder leben." Aber wer ist „man"? Und was genau bedeutet „gesünder"? Wenn die Bezugsperson fehlt, bleibt die Aussage unscharf und schwer nachzuvollziehen.

„Man fühlt sich da einfach hilflos."

Wer ist „man"? Jeder? Du? Ich? Patienten? Die Aussage wirkt allgemeingültig, ist aber nicht eindeutig zuordenbar.

Reaktion: Der andere weiß nicht, wer gemeint ist – das kann verwirren oder distanzieren, statt Klarheit zu schaffen.

Solche Formulierungen wirken oft diffus oder unkonkret – gerade in Beratung oder Therapie kann das den Kontakt erschweren.

METAPHER

Stell dir vor, du schreibst eine Schatzkarte, aber vergisst, den X-Marker für den Schatz einzuzeichnen. Jeder sieht die Karte, aber niemand weiß, wo sie graben sollen – genauso wie eine fehlende Referenz in einem Satz den Leser orientierungslos zurücklässt.

Das Meta-Modell im Einsatz mit dem Fehlenden Referenzindex

Der fehlende Referenzindex führt zu Verallgemeinerungen und lässt wichtige Details offen, die für eine präzisere Kommunikation entscheidend sind.

Typische Beispiele aus dem Patientengespräch könnten sein:

„Sie sagen, dass es besser wird." (Wer genau sagt das?)
„Das hilft nicht." (Was genau hilft nicht?)
„Man sollte darauf achten." (Wer genau sollte darauf achten?)

Solche Aussagen erschweren eine konkrete Auseinandersetzung mit dem Thema und können Missverständnisse oder unklare Denkmuster verstärken.

Ein Heilpraktiker kann den fehlenden Referenzindex auflösen, indem er gezielt nachfragt: „Wer genau sagt das?", „Worauf genau beziehen Sie sich?" oder „Können Sie ein konkretes Beispiel nennen?" Dadurch wird der Patient dazu angeregt, bewusster über seine Aussagen nachzudenken und seine Wahrnehmung zu präzisieren. Das führt nicht nur zu mehr Klarheit in der Kommunikation, sondern auch zu einem besseren Verständnis seiner eigenen Gedanken und Überzeugungen.

Patientenaussage: „Man sagt, dass Kräuter bei meiner Erkrankung nicht helfen."

Mögliche Antwort ohne Meta-Modell: „Ist das so? Das sehe ich aber anders"

Antwort mit dem Meta-Modell: „Das klingt interessant. Wer genau sagt das?"

Erklärung:
In dieser Aussage liegt ein fehlender Referenzindex vor, weil „man sagt" unklar bleibt – es wird nicht spezifiziert, wer genau diese Behauptung aufstellt. Dadurch erscheint die Aussage allgemeingültig, obwohl keine konkrete Quelle genannt wird.

Antwort ohne Meta-Modell:

Die Aussage „Ist das so? Das sehe ich aber anders." widerspricht der Annahme des Patienten, geht aber nicht direkt auf die unklare Quelle ein. Dadurch könnte sich der Patient in seiner Überzeugung bestärkt fühlen.

Antwort mit dem Meta-Modell:

Die Frage „Wer genau sagt das?" fordert den Patienten dazu auf, eine konkrete Quelle für seine Annahme zu benennen. Dadurch wird die Behauptung überprüfbar und kann hinterfragt werden. Dies eröffnet dem Patienten die Möglichkeit, festzustellen, ob es sich um eine verlässliche Information oder nur um eine unbewiesene Meinung handelt.

141

Patientenaussage: „Es wird gesagt, dass meine Beschwerden nicht mehr weggehen."

Mögliche Antwort ohne Meta-Modell: „Das glaube ich nicht. Es gibt immer Möglichkeiten zur Besserung."

Antwort mit dem Meta-Modell: „Das ist eine gewagte These. Wer genau sagt das?"

Erklärung:
Hier liegt ein fehlender Referenzindex vor, weil unklar bleibt, wer diese Aussage getroffen hat („Es wird gesagt"). Dadurch erscheint die Behauptung als allgemeingültig, obwohl keine konkrete Quelle angegeben wird.

Antwort ohne Meta-Modell:

Die Aussage „Das glaube ich nicht. Es gibt immer Möglichkeiten zur Besserung." widerspricht der Annahme des Patienten, geht jedoch nicht darauf ein, wer diese Aussage getätigt hat. Dies kann dazu führen, dass der Patient sich in seiner Überzeugung bestärkt fühlt.

Antwort mit dem Meta-Modell:

Die Frage „Wer genau sagt das?" bringt den Patienten dazu, die Quelle seiner Aussage zu hinterfragen. Dadurch kann er reflektieren, ob die Information auf einer fundierten Grundlage beruht oder lediglich eine unbewiesene Meinung ist.

Patientenaussage: „Man hört immer wieder, dass solche Therapien nichts bringen."

Mögliche Antwort ohne Meta-Modell: „Das kommt darauf an, es gibt viele, die damit gute Erfahrungen gemacht haben."

Antwort mit dem Meta-Modell: „Das klingt spannend. Wer genau sagt das?"

Erklärung:
Hier liegt ein fehlender Referenzindex vor, da unklar bleibt, wer genau diese Aussage getroffen hat. Die Formulierung vermittelt den Eindruck, dass es sich um eine weit verbreitete Wahrheit handelt, ohne eine konkrete Quelle zu nennen.

Antwort ohne Meta-Modell:

Die Aussage „Das kommt darauf an, es gibt viele, die damit gute Erfahrungen gemacht haben." stellt eine Gegenmeinung dar, geht aber nicht darauf ein, woher die ursprüngliche Aussage stammt. Dadurch bleibt die ursprüngliche Annahme des Patienten unreflektiert bestehen.

Antwort mit dem Meta-Modell:

Die Frage „Wer genau sagt das?" zwingt den Patienten dazu, eine konkrete Quelle für seine Behauptung zu benennen. Dadurch kann überprüft werden, ob die Aussage auf tatsächlichen Erfahrungen oder lediglich auf unbestätigten Meinungen basiert.

143

Das Milton-Modell im Einsatz mit dem Fehlenden Referenzindex

Im Milton-Modell bezieht sich der Fehlende Referenzindex darauf, dass in einer Aussage ein Subjekt oder eine Quelle nicht klar definiert ist. Es bleibt offen, wer etwas tut, denkt oder entscheidet. Dies schafft eine gewisse Mehrdeutigkeit und ermöglicht es dem Patienten, die Lücken mit eigenen Annahmen zu füllen. Aussagen mit fehlendem Referenzindex wirken oft allgemeiner und schwieriger zu hinterfragen, weil der Zuhörer nicht weiß, auf wen oder was sie sich beziehen. Ein Gespräch, in dem der Heilpraktiker das Milton-Modell im Bereich Fehlender Referenzindex anwendet, könnte so aussehen, dass er unspezifische Aussagen macht, bei denen der Bezug unklar bleibt. Der Patient muss dann selbst interpretieren, wer gemeint ist.

Der fehlende Referenzindex im Milton-Modell sorgt dafür, dass der Patient sich die fehlenden Details selbst ergänzt oder die Aussagen als allgemein anerkannt und vertrauenswürdig interpretiert. Dies kann den Patienten in einen Zustand versetzen, in dem er den Heilungsprozess als natürlicher und unvermeidlicher wahrnimmt, ohne zu viel nach den genauen Quellen der Informationen zu fragen.

 **Patientenaussage:** "Die, von ihnen gezeigten Atemtechniken sollen mir also wirklich helfen?"

Mögliche Antwort ohne Milton-Modell: "Ja, aber sie müssen sich streng an das halten, was ich ihnen gezeigt habe."

Antwort mit dem Milton-Modell: "Man weiß, dass solche Techniken dabei helfen, den Heilungsprozess zu beschleunigen."

Erklärung:
1. Fehlender Referenzindex als Sprachmuster
Die Antwort „Man weiß, dass..." enthält keine spezifische Quelle, sondern eine allgemeine Aussage, die als allgemeingültig erscheinen kann.

Der fehlende Referenzindex („Man weiß...") verschleiert, wer genau diese Erkenntnis hat, was es für den Patienten schwer macht, die Aussage zu hinterfragen.

Dadurch erhält die Aussage eine gewisse Autorität, ohne dass eine konkrete Quelle genannt wird.

2. Reframing durch Nutzung eines allgemeinen Wissens

Anstatt direkt zu sagen „Ja, das funktioniert", was Widerstand hervorrufen könnte, wird die Aussage als allgemeine Erkenntnis dargestellt.

„Man weiß, dass solche Techniken helfen..." gibt dem Patienten das Gefühl, dass es bereits bewährte Erkenntnisse zu diesem Thema gibt, ohne ihn direkt zu einer bestimmten Meinung zu drängen.

3. Vage Sprache & Suggestionen zur Vermeidung von Widerstand
Man weiß" → Impliziert, dass es eine allgemeine Akzeptanz für diese Technik gibt, ohne eine konkrete Quelle anzugeben.

„dabei helfen, den Heilungsprozess zu beschleunigen" → Eine positive Suggestion, die keine absolute Garantie gibt, sondern eine mögliche Wirkung betont.

4. Widerstandsvermeidung durch Neutralität
Die Formulierung vermeidet direkte Verpflichtungen oder Bedingungen, wie es in der Nicht-Milton-Antwort („Sie müssen sich streng daran halten") der Fall ist.

Stattdessen wird eine offene Formulierung verwendet, die dem Patienten erlaubt, selbst eine Überzeugung zu entwickeln.

Alternative Kurzantworten mit dem Milton-Modell:

-„Es gibt viele Berichte darüber, dass solche Techniken den Heilungsprozess positiv beeinflussen."

-„Viele Menschen erleben, dass Atemtechniken eine spürbare Wirkung haben."

-„Interessanterweise zeigen Erfahrungen, dass solche Methoden oft erstaunliche Effekte haben."

Diese Varianten nutzen den fehlenden Referenzindex gezielt, um eine allgemeine Akzeptanz für die Technik zu suggerieren, ohne direkten Druck auszuüben.

 **Patientenaussage:** "Diese Methode soll also wirklich dabei helfen, meine innere Ruhe zu verbessern?"

Mögliche Antwort ohne Milton-Modell: "Ja, wenn Sie sie regelmäßig anwenden, werden Sie die Wirkung spüren."

Antwort mit dem Milton-Modell: "Es ist bekannt, dass solche Methoden oft zu mehr innerer Ruhe und Gelassenheit führen."

Erklärung:
1. Fehlender Referenzindex als Sprachmuster
Die Antwort „Es ist bekannt, dass..." enthält keinen konkreten Verweis darauf, wer genau diese Erkenntnis hat.
Diese Formulierung vermittelt den Eindruck einer allgemein anerkannten Wahrheit, ohne dass eine überprüfbare Quelle genannt wird.
Das macht es für den Patienten schwieriger, die Aussage zu hinterfragen, und gibt ihm eine sanfte Orientierung in Richtung einer positiven Erwartungshaltung.

2. Reframing durch Nutzung einer allgemeinen Erkenntnis
Anstatt direkt zu versichern „Ja, das hilft!", wird die Aussage so formuliert, dass sie als übergreifende Erfahrung dargestellt wird.

„oft zu mehr innerer Ruhe und Gelassenheit führen" → Dies suggeriert eine allgemeine Wirkung, ohne eine konkrete Garantie zu geben.

3. Vage Sprache & Suggestionen zur Vermeidung von Widerstand

„Es ist bekannt" → Erzeugt den Eindruck einer gesicherten Erkenntnis, ohne eine Quelle anzugeben.

„dass solche Methoden oft zu mehr innerer Ruhe führen" → Eine sanfte Suggestion, die Offenheit ermöglicht, statt Druck aufzubauen.

4. Widerstandsvermeidung durch offene Formulierung
Die Antwort vermeidet eine direkte Überzeugungsstrategie, die den Patienten zum Akzeptieren zwingt.

Stattdessen wird die Methode als etwas dargestellt, das viele Menschen bereits erlebt haben, was es für den Patienten leichter macht, es selbst zu erfahren.

Alternative Kurzantworten mit dem Milton-Modell:

-„Viele Menschen berichten, dass solche Techniken zu mehr Gelassenheit führen."

-„Es gibt zahlreiche Erfahrungen, die zeigen, dass diese Methode innere Ruhe fördern kann."

-„Interessanterweise bemerken viele erst nach einiger Zeit, wie sich ihre innere Ruhe dadurch verbessert."

Diese Varianten nutzen den fehlenden Referenzindex gezielt, um eine allgemeine Akzeptanz für die Methode zu suggerieren, ohne den Patienten direkt zu überzeugen oder zu konfrontieren.

Patientenaussage: "Man sagt, dass Meditation nicht für jeden geeignet ist."

Mögliche Antwort ohne Milton-Modell: "Das kommt darauf an, wie man sie anwendet. Es gibt viele verschiedene Techniken, die man ausprobieren kann."

Antwort mit dem Milton-Modell: "Es ist bekannt, dass Meditation auf unterschiedliche Weise wirken kann und viele Menschen davon profitieren."

Erklärung:

1. Fehlender Referenzindex als Sprachmuster

Die Aussage „Es ist bekannt, dass..." enthält keinen spezifischen Verweis darauf, wer genau diese Erkenntnis hat.

Dadurch erhält die Aussage eine scheinbare Allgemeingültigkeit, ohne dass der Patient eine konkrete Quelle hinterfragen kann. Dies verstärkt die Akzeptanz der Aussage, weil sie nicht von einer einzelnen Person abhängt.

2. Reframing durch Allgemeingültigkeit

Die Antwort stellt nicht infrage, dass Meditation möglicherweise nicht für jeden gleich funktioniert, sondern betont stattdessen ihre Vielseitigkeit.

„und viele Menschen davon profitieren" → Verstärkt die positive Erwartung, ohne eine absolute Aussage zu treffen.

3. Vage Sprache & Suggestionen zur Vermeidung von Widerstand

„Es ist bekannt" → vermittelt die Illusion von gesichertem Wissen, ohne eine spezifische Quelle zu nennen.

„dass Meditation auf unterschiedliche Weise wirken kann" → Offen gehalten, sodass der Patient selbst seine eigenen Erfahrungen damit verbinden kann.

4. Widerstandsvermeidung durch neutrale und offene Formulierung.

Anstatt den Patienten direkt zu überzeugen, öffnet die Antwort den Raum für Möglichkeiten.

Durch die Formulierung „viele Menschen profitieren davon" entsteht ein positiver Bezug, ohne Druck aufzubauen.

Alternative Kurzantworten mit dem Milton-Modell:

-„Viele Menschen machen die Erfahrung, dass Meditation auf ihre eigene Weise wirkt."

-„Interessanterweise bemerken viele erst mit der Zeit, welche positiven Effekte Meditation haben kann."

-„Es gibt viele Berichte darüber, dass Meditation auf ganz unterschiedliche Weise hilfreich sein kann."

Diese Varianten nutzen den fehlenden Referenzindex gezielt, um eine allgemeine Akzeptanz für die Methode zu suggerieren, ohne den Patienten direkt zu einer bestimmten Überzeugung zu drängen.

Generalisierter Referenzindex

Ein generalisierter Referenzindex liegt vor, wenn eine Aussage pauschalisiert wird, indem sie auf *alle*, *niemand*, *immer* oder *nie* bezogen wird, ohne dass dies tatsächlich für alle Fälle gilt.

Es ist, als ob jemand sagt: *"Das passiert immer so."* Aber in Wirklichkeit stimmt das vielleicht nur manchmal oder in bestimmten Situationen. Heilpraktiker könnten solche Aussagen von Patienten hören, z. B.: *"Ich werde sowieso nie gesund."* oder *"Niemand kann mir helfen."* Hier wird eine allgemeine Behauptung aufgestellt, die hinterfragt werden kann. Der Heilpraktiker könnte nachfragen, z. B.: *"Gibt es vielleicht eine Situation, in der es Ihnen schon mal besser ging?"* oder *"Gibt es jemanden, der Ihnen schon einmal geholfen hat?"*, um die Pauschalisierung aufzulösen und neue Perspektiven zu eröffnen.

Beim generalisierten Referenzindex wird eine Aussage so formuliert, als würde sie für alle Menschen gleichermaßen gelten

– ohne Ausnahme.Einzelne Erfahrungen oder Meinungen werden verallgemeinert, als wären sie allgemeingültig.

Beispielsatz:

„Das denkt doch jeder."

Wer ist „jeder"? Wirklich alle? Oder nur manche? Die Aussage klingt absolut – auch wenn sie nur eine Einzelmeinung ist.

Reaktion:

Andere fühlen sich unter Druck gesetzt, nicht dazugehörig oder überrollt von einer vermeintlichen Wahrheit.

Solche Verallgemeinerungen können Gespräche blockieren – besonders, wenn Offenheit und individuelle Wahrnehmung gefragt sind.

METAPHER

Das ist, wie wenn du sagst: „Alle Kunden sind immer unzufrieden." Aber ist das wirklich so? Hast du jemals mit jedem Kunden gesprochen? Oft gibt es nur eine kleine Gruppe, die laut ist, während viele andere zufrieden sind.

Das Meta-Modell im Einsatz mit dem Generalisierten Referenzindex

Der generalisierte Referenzindex führt zu Verallgemeinerungen, die einschränkend oder sogar irreführend sein können.

Typische Beispiele aus dem Patientengespräch könnten sein:

„Alle Ärzte interessieren sich nur für Medikamente."
„Jeder Stress führt zu Krankheit."
„Niemand versteht, wie es mir geht."

Solche Aussagen können problematisch sein, weil sie Ausnahmen oder individuelle Unterschiede ignorieren und dadurch Denkmuster festigen, die dem Patienten schaden.

Ein Heilpraktiker kann den generalisierten Referenzindex hinterfragen, indem er konkret nachfragt: „Wirklich alle?", „Gibt es Ausnahmen?" oder „Kannst du ein konkretes Beispiel nennen?" Dadurch wird der Patient dazu angeregt, seine Sichtweise zu differenzieren und neue, flexiblere Perspektiven zu entwickeln, die ihm mehr Handlungsspielraum bieten.

Patientenaussage: „Alle Behandlungen schlagen bei mir fehl."

Mögliche Antwort ohne Meta-Modell: „Vielleicht haben sie nur noch nicht die richtige Behandlung gefunden?"

Antwort mit dem Meta-Modell: „Das klingt sehr umfassend. Gibt es wirklich keine Behandlung, die Ihnen geholfen hat?"

Erklärung:
In dieser Aussage liegt ein generalisierter Referenzindex vor, da der Patient eine absolute Verallgemeinerung trifft („Alle Behandlungen schlagen bei mir fehl."). Dies schließt jede Möglichkeit aus, dass es jemals eine erfolgreiche Behandlung gegeben haben könnte oder noch geben könnte.

Antwort ohne Meta-Modell:

Die Aussage „Vielleicht haben Sie nur noch nicht die richtige Behandlung gefunden?" versucht, die Verallgemeinerung aufzuweichen, stellt aber die Behauptung des Patienten nicht direkt in Frage.

Antwort mit dem Meta-Modell:

Die Frage „Das klingt sehr umfassend. Gibt es wirklich keine Behandlung, die Ihnen geholfen hat?" hilft dabei, die Generalisierung zu hinterfragen. Dadurch wird der Patient angeregt, über mögliche Ausnahmen nachzudenken und seine Aussage differenzierter zu betrachten.

 **Patientenaussage:** „Niemand kann mir helfen."

Mögliche Antwort ohne Meta-Modell: „Vielleicht haben Sie einfach noch nicht die richtige Person gefunden?"

Antwort mit dem Meta-Modell: „Das klingt sehr endgültig. Gab es wirklich noch nie jemanden, der Ihnen in irgendeiner Weise geholfen hat?"

Erklärung:
In dieser Aussage liegt ein generalisierter Referenzindex vor, da der Patient mit „Niemand kann mir helfen." eine absolute Verallgemeinerung trifft. Dies schließt aus, dass es jemals eine hilfreiche Person gab oder geben könnte.

Antwort ohne Meta-Modell:

Die Aussage „Vielleicht haben Sie einfach noch nicht die richtige Person gefunden?" schwächt die Annahme ab, aber hinterfragt nicht direkt die Generalisierung.

Antwort mit dem Meta-Modell:

Die Frage „Das klingt sehr endgültig. Gab es wirklich noch nie jemanden, der Ihnen in irgendeiner Weise geholfen hat?" fordert den Patienten auf, nach Ausnahmen zu suchen. Dadurch wird die pauschale Aussage hinterfragt, und der Patient kann eine differenziertere Perspektive einnehmen.

 **Patientenaussage:** „Immer passiert mir sowas."

Mögliche Antwort ohne Meta-Modell: Ja, das kann frustrierend sein."

Antwort mit dem Meta-Modell: „Immer? Gab es wirklich nie eine Situation, in der es anders war?"

Erklärung:
In dieser Aussage liegt ein generalisierter Referenzindex vor, da der Patient mit „Immer passiert mir sowas." eine absolute Verallgemeinerung trifft. Die Formulierung impliziert, dass es nie eine Ausnahme gab, was unwahrscheinlich ist.

Antwort ohne Meta-Modell:

Die Aussage „Ja, das kann frustrierend sein." bestätigt indirekt die Verallgemeinerung und hinterfragt sie nicht.

Antwort mit dem Meta-Modell:

Die Frage „Immer? Gab es wirklich nie eine Situation, in der es anders war?" fordert den Patienten auf, nach Ausnahmen zu suchen. Dadurch wird die starre Verallgemeinerung aufgelöst, und der Patient kann eine differenziertere Sichtweise entwickeln.

Das Milton-Modell im Einsatz mit dem Generalisierten Referenzindex

Im Milton-Modell bezieht sich der Generalisierte Referenzindex darauf, dass Aussagen sehr allgemein gehalten werden und auf eine größere, nicht näher spezifizierte Gruppe oder Situation angewendet werden. Dabei wird das Subjekt der Aussage generalisiert, anstatt spezifisch benannt zu werden. Diese Technik führt dazu, dass der Patient die Aussage leichter auf sich selbst überträgt, weil sie allgemeingültig klingt und weniger spezifisch auf eine bestimmte Person oder Situation bezogen ist. Es entsteht der Eindruck, dass die Aussage auf „alle" oder „jeden" zutrifft. Ein Gespräch, in dem der Heilpraktiker den Generalisierter Referenzindex verwendet, könnte so aussehen, dass der Heilpraktiker allgemeine Aussagen trifft, die universell gültig erscheinen, ohne konkret auf den Patienten einzugehen. Das schafft eine weite Anwendbarkeit der Aussagen, was das Vertrauen des Patienten in den Prozess erhöht.

Der Generalisierte Referenzindex im Milton-Modell führt dazu, dass der Patient sich in den Aussagen wiedererkennt, weil sie nicht auf eine einzelne Person oder Situation beschränkt sind. Dadurch fühlt er sich als Teil eines größeren Prozesses oder einer Gruppe, was das Gefühl der Akzeptanz und Normalität im Heilungsprozess stärkt.

Patientenaussage: "Ich hoffe, dass ich diese Veränderung auch bald spüre."

Mögliche Antwort ohne Milton-Modell: „Es braucht Geduld und auch eine gewisse Nachhaltigkeit ihrerseits.“

Antwort mit dem Milton-Modell: „Es ist ganz normal, dass Patienten mit der Zeit feststellen, wie sich ihre ....verbessert."

Erklärung:
1. Generalisierter Referenzindex als Sprachmuster. Die Formulierung „Es ist ganz normal, dass Patienten..." verwendet einen generalisierten Referenzindex („Patienten" statt der direkten Ansprache des Patienten).

Dies vermittelt das Gefühl, dass die Erfahrung, die der Patient machen wird, nicht nur ihn betrifft, sondern eine allgemeine Regel darstellt.

Dadurch wird die Aussage weniger angreifbar, da sie als bewährte Erfahrung erscheint, anstatt als individuelle Prognose.

2. Reframing durch Einordnung in eine allgemeine Erfahrung
Statt direkt zu sagen „Sie werden die Veränderung bald spüren" (was Erwartungen wecken oder Widerstand auslösen könnte), wird die Erfahrung als etwas Allgemeingültiges dargestellt.

„mit der Zeit feststellen" → Dies nimmt den Druck, dass es sofort passieren muss.

158

3. Vage Sprache & Suggestionen zur Vermeidung von Widerstand

„Es ist ganz normal..." → Eine allgemeine, beruhigende Formulierung, die Akzeptanz schafft.

„dass Patienten mit der Zeit feststellen" → Impliziert, dass der Patient früher oder später auch dazugehören wird.

„wie sich ihre ... verbessert" → Offen gehalten, sodass der Patient seine eigenen Erwartungen hineinprojizieren kann.

4. Widerstandsvermeidung durch sanfte Suggestion

Die Antwort gibt dem Patienten keine strikte Anweisung oder Erwartung, sondern zeigt eine allgemeine Entwicklung auf, die er selbst für sich entdecken kann.

Dies reduziert mögliche Zweifel oder die Angst, dass die Veränderung bei ihm nicht eintreten könnte.

Alternative Kurzantworten mit dem Milton-Modell:

- „Viele Patienten bemerken nach einer Weile, dass sich Veränderungen ganz natürlich einstellen."

- „Es ist spannend zu beobachten, wie viele Menschen mit der Zeit deutliche Verbesserungen wahrnehmen."

- „Es ist oft überraschend, wie viele Patienten plötzlich feststellen, dass sich etwas verändert hat."

Diese Varianten nutzen den generalisierten Referenzindex gezielt, um eine positive Erwartungshaltung zu schaffen, ohne den Patienten direkt unter Druck zu setzen.

 **Patientenaussage:** "Ich bin mir nicht sicher, ob diese Methode bei mir wirklich funktioniert."

Mögliche Antwort ohne Milton-Modell: "Jeder Mensch reagiert unterschiedlich. Wichtig ist, dass Sie dranbleiben und es regelmäßig anwenden."

Antwort mit dem Milton-Modell: "Viele Menschen stellen fest, dass sie mit der Zeit spüren, wie diese Methode auf ganz natürliche Weise wirkt."

Erklärung:
1. Generalisierter Referenzindex als Sprachmuster
Die Formulierung „Viele Menschen stellen fest..." nutzt einen unspezifischen Personenkreis anstelle der direkten Ansprache des Patienten.
Dadurch entsteht der Eindruck, dass diese Erfahrung allgemein gültig ist und bereits von vielen gemacht wurde.
Das erhöht die Wahrscheinlichkeit, dass der Patient sich selbst in dieser Gruppe sieht und es für möglich hält, dass es auch bei ihm funktioniert.

2. Reframing durch Einordnung in eine allgemeine Erfahrung
Statt direkt zu sagen „Es wird auch bei Ihnen wirken" (was Widerstand hervorrufen könnte), wird die Aussage in einen breiteren Kontext gesetzt.

„mit der Zeit spüren" → Lässt offen, wann genau die Wirkung eintritt, reduziert Erwartungsdruck und fördert Geduld.

3. Vage Sprache & Suggestionen zur Vermeidung von Widerstand

„Viele Menschen stellen fest" → Kein direkter Bezug auf den Patienten, sondern eine allgemeine Feststellung.

„wie diese Methode auf ganz natürliche Weise wirkt" → Eine sanfte, positive Suggestion, die Akzeptanz für den Prozess erleichtert.

4. Widerstandsvermeidung durch sanfte Bestätigung
Der Patient wird nicht direkt von der Methode überzeugt, sondern erhält eine allgemeine Perspektive darauf, dass andere Menschen ähnliche Zweifel hatten und positive Erfahrungen gemacht haben.

Das reduziert Unsicherheit und stärkt unbewusst die Bereitschaft, sich auf den Prozess einzulassen.

Alternative Kurzantworten mit dem Milton-Modell:

-„Viele erleben genau diesen Moment der Unsicherheit – und sind später überrascht, wie gut es wirkt."

-„Es ist spannend, wie oft Menschen nach einer Weile bemerken, dass sich etwas verändert hat."

-„Interessanterweise berichten viele, dass die Wirkung sich oft schleichend und ganz natürlich einstellt."

Diese Varianten helfen dem Patienten, sich in einem positiven Entwicklungsprozess zu sehen, ohne dass er sich direkt verpflichtet fühlt, eine bestimmte Erwartung zu erfüllen.

 **Patientenaussage:** "Ich weiß nicht, ob ich mich mit dieser Methode wirklich entspannen kann."

Mögliche Antwort ohne Milton-Modell: "Probieren Sie es aus, mit der Zeit wird es Ihnen sicher leichter fallen."

Antwort mit dem Milton-Modell: "Viele Patienten bemerken irgendwann, dass Entspannung sich ganz von selbst einstellt."

Erklärung:
1. Generalisierter Referenzindex als Sprachmuster
Die Formulierung „Viele Menschen bemerken…" verwendet einen unspezifischen Personenkreis anstelle der direkten Ansprache des Patienten.
Dadurch wird die Aussage als allgemeine Erfahrung präsentiert, wodurch sie weniger angreifbar ist.

Der Patient fühlt sich dadurch nicht unter Druck gesetzt, sondern kann sich sanft mit der Gruppe identifizieren.

2. Reframing durch Einordnung in eine allgemeine Erfahrung
Anstatt direkt zu versprechen „Sie werden sich entspannen" (was Widerstand hervorrufen könnte), wird die Aussage als eine allgemeine Beobachtung formuliert.

„irgendwann" → Keine exakte Zeitangabe, wodurch sich der Patient nicht auf eine bestimmte Erwartung festlegen muss.

3. Vage Sprache & Suggestionen zur Vermeidung von Widerstand

162

„Viele Patienten bemerken irgendwann" → Sanfte Andeutung eines natürlichen Prozesses.

„dass Entspannung sich ganz von selbst einstellt" → Impliziert, dass keine Anstrengung nötig ist, wodurch Widerstände gegen bewusstes „Müssen" reduziert werden.

4. Widerstandsvermeidung durch sanfte Bestätigung
Die Antwort erzeugt keine Erwartungshaltung oder Druck, sondern öffnet einen Raum, in dem der Patient für sich selbst entdecken kann, dass Entspannung geschieht.

Die Formulierung vermittelt das Gefühl, dass es sich um einen normalen Prozess handelt, den viele Menschen bereits erlebt haben.

Alternative Kurzantworten mit dem Milton-Modell:

-„Viele machen die Erfahrung, dass Entspannung genau dann kommt, wenn man am wenigsten damit rechnet."

-„Es ist spannend, wie oft Menschen nach einer Weile bemerken, dass sie sich bereits entspannter fühlen."

-„Interessanterweise erleben viele, dass die Entspannung oft ganz von selbst entsteht."

Diese Varianten fördern eine positive Erwartungshaltung und geben dem Patienten das Gefühl, dass Entspannung ein natürlicher Prozess ist, der sich mit der Zeit von selbst einstellt.

Universalquantifikator

Ein Universalquantifikator liegt vor, wenn absolute Begriffe wie *immer, nie, jeder, alle* oder *niemand* verwendet werden, die keine Ausnahmen zulassen, obwohl diese in der Realität oft existieren.

ANALYSE

Es ist, als ob jemand sagt: *"Das ist immer so."* Aber in Wirklichkeit gibt es meistens Ausnahmen, und es ist nicht wirklich *immer* so. Heilpraktiker könnten solche Aussagen von Patienten hören, z. B.: *"Ich habe immer Schmerzen."* oder *"Niemand versteht mich."* Diese Aussagen schließen jede Ausnahme aus, was oft nicht der Realität entspricht. Der Heilpraktiker kann nachfragen, z. B.: *"Gab es einen Moment, in dem du dich mal besser gefühlt hast?"* oder *"Gibt es vielleicht jemanden, der dich versteht?"*, um den Universalquantifikator zu hinterfragen und differenzierte Sichtweisen anzuregen.

Der Glaube, dass eine Aussage immer wahr ist, ohne Ausnahmen zu berücksichtigen. Frage: „Könnte es Umstände geben, unter denen diese Aussage nicht zutrifft? Gibt es Beweise dafür, dass es Ausnahmen gibt?"

Es wird so getan, als gäbe es keine Ausnahmen – das macht Aussagen oft extrem oder überzogen.

Beispielsatz: „Du machst das immer falsch."

„Immer" schließt jede Ausnahme aus – auch wenn es vielleicht nur einmal nicht gut lief.

METAPHER

Das ist, wie wenn du sagst: „Ich habe nie Erfolg in meinem Job." Aber wenn du genau hinsiehst, gab es sicher Projekte, die gut gelaufen sind, oder Momente, in denen du Anerkennung bekommen hast. Worte wie „nie" oder „immer" schließen oft positive Ausnahmen aus.

Das Meta-Modell und der Einsatz vom Universalquantifikator

Der Universalquantifikator ist eine Verletzung auf Wortebene im Meta-Modell der Sprache, bei der Begriffe wie immer, nie, alle, jeder, niemand oder keiner verwendet werden, um eine absolute und allumfassende Aussage zu treffen. Solche Verallgemeinerungen lassen keine Ausnahmen zu und können einschränkende Überzeugungen verstärken, die das Denken und Handeln des Patienten begrenzen.

Typische Beispiele, die in Gesprächen mit Patienten auftauchen, sind:

„Ich mache immer alles falsch."
„Niemand kann mir helfen."
„Jeder Stress ist schlecht für die Gesundheit."
„Man muss immer stark sein."

Diese Formulierungen können dazu führen, dass sich der Patient hilflos oder gefangen fühlt, da sie keine Möglichkeit für alternative Sichtweisen oder Entwicklungen zulassen. Dabei sind solche Aussagen selten objektiv wahr – oft gibt es Ausnahmen oder Situationen, in denen sie nicht zutreffen.
Ein Heilpraktiker kann den Universalquantifikator gezielt hinterfragen, um dem Patienten eine differenziertere Perspektive zu ermöglichen. Fragen wie „Wirklich immer?", „Gab es schon einmal eine Situation, in der es anders war?" oder „Könnte es Ausnahmen geben?" helfen dabei, die starre Denkweise aufzulösen.

Indem der Patient erkennt, dass seine Wahrnehmung möglicherweise verzerrt ist und es durchaus Situationen gibt, die von seiner ursprünglichen Aussage abweichen, kann er mehr Handlungsspielraum gewinnen. Dies fördert eine realistischere, flexiblere Sichtweise und unterstützt den Heilungsprozess, indem es ihm ermöglicht, neue Möglichkeiten und Lösungen wahrzunehmen.

 **Patientenaussage:** „Ich habe immer Schmer-
zen."

Mögliche Antwort ohne Meta-Modell: „Das klingt nach einer ziemlichen Belastung ihrerseits.

Antwort mit dem Meta-Modell: „Das klingt sehr belastend.
Gibt es Momente, in denen die Schmerzen weniger stark sind?"

Erklärung:

In dieser Aussage liegt ein Universalquantifikator vor, da der
Patient mit „Ich habe immer Schmerzen." eine absolute Aussage trifft. Das Wort „immer" impliziert, dass es keine
schmerzfreien oder weniger schmerzhafte Momente gibt, was
selten der Realität entspricht.

Antwort ohne Meta-Modell:

Die Aussage „Das klingt nach einer ziemlichen Belastung ihrerseits." zeigt Mitgefühl, hinterfragt aber nicht die Generalisierung des Patienten. Dadurch bleibt die absolute Wahrnehmung bestehen.

Antwort mit dem Meta-Modell:

Die Frage „Gibt es Momente, in denen die Schmerzen weniger
stark sind?" fordert den Patienten auf, nach Ausnahmen zu
suchen. Dadurch wird die starre Generalisierung aufgelöst,
und der Patient kann möglicherweise erkennen, dass es doch
Unterschiede in der Schmerzintensität gibt.

 **Patientenaussage:** „Niemand versteht mich."

Mögliche Antwort ohne Meta-Modell: „Das muss sich sehr einsam anfühlen."

Antwort mit dem Meta-Modell: „Niemand? Gab es wirklich noch nie jemanden, der Sie verstanden hat?"

Erklärung:
In dieser Aussage liegt ein Universalquantifikator vor, da der Patient mit „Niemand versteht mich." eine absolute Aussage trifft. Das Wort „niemand" schließt jede Möglichkeit aus, dass ihn jemals jemand verstanden hat oder verstehen könnte.

Antwort ohne Meta-Modell:

Die Aussage „Das muss sich sehr einsam anfühlen." zeigt zwar Empathie, hinterfragt aber nicht die Generalisierung des Patienten.

Antwort mit dem Meta-Modell:

Die Frage „Niemand? Gab es wirklich noch nie jemanden, der Sie verstanden hat?" hilft dem Patienten, nach Ausnahmen zu suchen. Dies kann seine Wahrnehmung verändern und dazu führen, dass er differenzierter über seine Situation nachdenkt.

Patientenaussage: „Alles, was ich versuche, geht schief."

Mögliche Antwort ohne Meta-Modell: „Das klingt wirklich frustrierend."

Antwort mit dem Meta-Modell: „Alles? Gab es wirklich noch nie etwas, das Ihnen gelungen ist?"

Erklärung:
Hier liegt ein Universalquantifikator vor, da der Patient mit „Alles, was ich versuche, geht schief." eine absolute Aussage trifft. Das Wort „alles" lässt keine Ausnahmen zu und verstärkt eine negative Wahrnehmung seiner Erfolge.

Antwort ohne Meta-Modell:

Die Aussage „Das klingt wirklich frustrierend." zeigt Verständnis, hinterfragt aber nicht die Verallgemeinerung, sodass der Patient in seiner negativen Überzeugung bleibt.

Antwort mit dem Meta-Modell:

Die Frage „Alles? Gab es wirklich noch nie etwas, das Ihnen gelungen ist?" fordert den Patienten auf, nach Ausnahmen zu suchen. Dadurch kann er erkennen, dass seine Aussage nicht absolut zutrifft, und beginnt, differenzierter über seine Erfolge nachzudenken.

Der Einsatz des Milton-Modells mit dem Universalquantifikator

Ein Universalquantifikator im Milton-Modell bezieht sich auf Aussagen, die mit absoluten Begriffen wie „immer", „nie", „jeder", „alles" oder „niemand" arbeiten. Solche Wörter verallgemeinern stark und vermitteln den Eindruck, dass das Gesagte universell und ohne Ausnahmen gilt. Diese Technik kann dazu genutzt werden, dem Patienten das Gefühl zu geben, dass etwas immer oder nie so ist und dadurch weniger hinterfragt wird. Es schafft eine Form von Sicherheit oder Unausweichlichkeit.

Die Verwendung von Universalquantifikatoren schafft eine Atmosphäre von Sicherheit und Gewissheit. Durch die absolute Art der Aussagen hat der Patient das Gefühl, dass die Methode für alle Menschen und in jeder Situation funktioniert, was sein Vertrauen in den Prozess und seine eigene Teilnahme stärkt.

Patientenaussage: "Ich hoffe, dass ich diese Veränderung auch bald spüre."

Mögliche Antwort ohne Milton-Modell: "Früher oder später wird das so sein, soviel ist sicher."

Antwort mit dem Milton-Modell: "Es ist ganz natürlich, dass jeder in seinem eigenen Tempo Fortschritte macht."

Erklärung:

1. Universalquantifikator als Sprachmuster
Der Begriff „jeder" in der Antwort „Es ist ganz natürlich, dass jeder in seinem eigenen Tempo Fortschritte macht." verallgemeinert die Erfahrung auf eine universelle Ebene.

Universalquantifikatoren wie „jeder", „immer", „alle" oder „nie" erzeugen eine starke, allgemeingültige Aussage.

Anstatt den Fortschritt des Patienten direkt zu versprechen, wird er als natürlicher Prozess für alle Menschen dargestellt, was die Akzeptanz erleichtert.

2. Reframing durch Normalisierung
Statt zu sagen „Sie werden es bald spüren" (was eine Erwartung oder Druck erzeugen könnte), wird Fortschritt als ein individueller Prozess dargestellt.

„in seinem eigenen Tempo" → Diese Formulierung nimmt jeglichen Zeitdruck aus der Aussage und reduziert mögliche Frustration.

3. Vage Sprache & Suggestionen zur Vermeidung von Widerstand

„Es ist ganz natürlich..." → Schafft eine sanfte, akzeptierende Grundhaltung.

„dass jeder in seinem eigenen Tempo Fortschritte macht" → Impliziert, dass Fortschritt unvermeidlich ist, aber individuell verläuft.

4. Widerstandsvermeidung durch Entlastung des Patienten
Die Antwort erzeugt keine fixe Erwartung oder Verpflichtung, sondern vermittelt die Botschaft: „Fortschritt ist sicher, aber es ist okay, wenn es individuell unterschiedlich lange dauert."

Dadurch nimmt sie dem Patienten die Sorge, dass bei ihm etwas „nicht richtig" funktionieren könnte.

Alternative Kurzantworten mit dem Milton-Modell:

-„Jeder erlebt Veränderungen auf seine ganz eigene Weise – oft bemerkt man sie erst später."

-„Es ist spannend zu beobachten, wie jeder Mensch seinen ganz individuellen Fortschritt macht."

-„Viele merken irgendwann, dass Fortschritte genau im richtigen Tempo kommen."

Diese Varianten nutzen den Universalquantifikator gezielt, um dem Patienten Sicherheit zu geben, ohne ihm eine feste Erwartung aufzudrängen.

 **Patientenaussage:** "Ich weiß nicht, ob ich mich jemals wirklich entspannen kann."

Mögliche Antwort ohne Milton-Modell: "Mit der richtigen Technik und etwas Übung wird das sicher möglich sein."

Antwort mit dem Milton-Modell: "Jeder findet auf seine eigene Weise den Zugang zur Entspannung."

Erklärung:

1. Universalquantifikator als Sprachmuster
Die Verwendung von „Jeder" in „Jeder findet auf seine eigene Weise den Zugang zur Entspannung." generalisiert die Aussage auf alle Menschen.

Dies vermittelt, dass Entspannung für alle möglich ist, einschließlich des Patienten.

Da der Patient sich nicht ausgeschlossen fühlt, erhöht sich die Wahrscheinlichkeit, dass er diese Annahme für sich übernimmt.

2. Reframing durch Normalisierung
Statt direkt zu versichern „Sie werden sich entspannen" (was Widerstand auslösen könnte), wird Entspannung als universelle Möglichkeit dargestellt.

„auf seine eigene Weise" → Diese Formulierung schafft Flexibilität und verhindert den Druck, dass Entspannung auf eine bestimmte Weise erreicht werden muss.

3. Vage Sprache & Suggestionen zur Vermeidung von Widerstand

„Jeder findet..." → Impliziert, dass es ein natürlicher Prozess ist, der für alle Menschen gilt.

„den Zugang zur Entspannung" → Offen formuliert, sodass der Patient seinen eigenen Weg darin entdecken kann.

4. Widerstandsvermeidung durch Entlastung des Patienten

Die Antwort vermittelt das Gefühl, dass es keine Ausnahmefälle gibt – wenn „jeder" es schafft, kann der Patient es auch.

Der Fokus liegt nicht auf „ob" es möglich ist, sondern darauf, dass jeder Mensch seinen eigenen Weg dorthin findet.

Alternative Kurzantworten mit dem Milton-Modell:

-„Jeder entdeckt Entspannung auf seine eigene Weise – manchmal ganz unerwartet."

-„Es ist spannend, wie jeder Mensch auf seine ganz individuelle Art innere Ruhe findet."

-„Viele merken irgendwann, dass Entspannung auf natürliche Weise entsteht – ganz ohne Zwang."

Diese Varianten nutzen den Universalquantifikator gezielt, um eine positive Erwartung aufzubauen, ohne den Patienten unter Druck zu setzen.

174

 **Patientenaussage:** "Ich habe das Gefühl, dass Veränderungen für mich besonders schwierig sind."

Mögliche Antwort ohne Milton-Modell: "Veränderungen brauchen Zeit, aber mit der richtigen Herangehensweise sind sie möglich."

Antwort mit dem Milton-Modell: "Jeder geht Veränderungen in seinem eigenen Tempo an und findet seinen ganz persönlichen Weg."

Erklärung:

1. Universalquantifikator als Sprachmuster

Die Verwendung von „Jeder" in „Jeder geht Veränderungen in seinem eigenen Tempo an..." generalisiert die Aussage und macht sie universell gültig. Dies vermittelt, dass Veränderung für alle Menschen möglich ist, nicht nur für einige wenige.

Der Patient fühlt sich dadurch als Teil einer größeren Gruppe, was das Gefühl verstärkt, dass auch er diesen Prozess durchlaufen kann.

2. Reframing durch Normalisierung

Anstatt direkt zu sagen „Veränderung ist nicht schwer" (was Widerstand erzeugen könnte), wird Veränderung als natürlicher Prozess für alle dargestellt.

„in seinem eigenen Tempo" → Dies nimmt den Druck heraus, sofort oder auf eine bestimmte Weise Ergebnisse erzielen zu müssen.

3. Vage Sprache & Suggestionen zur Vermeidung von Widerstand

„Jeder geht Veränderungen in seinem eigenen Tempo an..." → Eine offene und anpassungsfähige Formulierung, die Flexibilität erlaubt.

„und findet seinen ganz persönlichen Weg" → Lässt dem Patienten Raum, seinen individuellen Ansatz zu entdecken.

4. Widerstandsvermeidung durch sanfte Bestärkung

Die Antwort vermeidet jeglichen Druck und ermöglicht es dem Patienten, sich als Teil eines natürlichen Entwicklungsprozesses zu sehen.

Sie suggeriert, dass Veränderung unvermeidlich ist – aber individuell abläuft, was dem Patienten Sicherheit gibt.

Alternative Kurzantworten mit dem Milton-Modell:

-„Jeder erlebt Veränderung anders – aber irgendwann merkt man, dass sie bereits im Gange ist."

-„Es ist faszinierend, wie jeder seinen eigenen Rhythmus findet, um Veränderungen zu integrieren."

-„Viele erkennen nach einer Weile, dass Veränderung leichter ist, als sie dachten – auf ihre ganz eigene Weise."

Diese Varianten helfen dem Patienten, sich mit dem Veränderungsprozess wohlzufühlen, ohne das Gefühl zu haben, dass er etwas Bestimmtes leisten muss.

Nominalisierung

DEFINITION

Eine Nominalisierung liegt vor, wenn ein Prozess oder eine Handlung in ein statisches Substantiv umgewandelt wird, wodurch die Dynamik und Veränderbarkeit der ursprünglichen Handlung verschleiert wird.

ANALYSE

Es ist, als ob jemand sagt: *"Das ist einfach so."* Aber eigentlich ist es etwas, das sich bewegt oder verändert, und man könnte es genauer beschreiben. Heilpraktiker könnten Aussagen wie diese von Patienten hören: *"Meine Heilung kommt nicht voran."* oder *"Meine Angst kontrolliert mich."* Hier wird ein aktiver Prozess wie *heilen* oder *sich fürchten* zu einem statischen Zustand gemacht. Der Heilpraktiker kann durch Nachfragen wie *"Was genau bedeutet für dich Heilung?"* oder *"Wie fühlt sich die Angst an, und was passiert dabei?"* die Bewegung und Veränderbarkeit wieder ins Gespräch bringen und den Patienten zu einer aktiveren Perspektive führen.

177

„Da fehlt einfach die Motivation."
Was genau fehlt? Wer ist nicht motiviert? Was müsste konkret passieren, damit Motivation entsteht?
Reaktion:
Der Satz wirkt vage – weil ein aktiver Prozess wie „sich motivieren" zu einem abstrakten Begriff gemacht wurde.

METAPHER

Das ist wie zu sagen: „Die Freude ist kaputt." Aber Freude ist kein Spielzeug, das man reparieren kann. Es ist ein Gefühl, das man erlebt. Man sollte schauen, was genau passiert ist, statt es wie einen Gegenstand zu behandeln.

Das Meta-Modell und der Einsatz von Nominalisierung

Die Nominalisierung ist eine Verletzung auf Wortebene im Meta-Modell der Sprache, bei der ein Prozess oder eine Handlung in ein statisches Substantiv umgewandelt wird. Dadurch geht die Dynamik verloren, und es entsteht der Eindruck, dass es sich um eine feste, unveränderliche Gegebenheit handelt. Dies kann dazu führen, dass Menschen sich machtlos fühlen oder Schwierigkeiten haben, Veränderungen zu erkennen oder aktiv zu gestalten.

Typische Beispiele für Nominalisierungen sind:

„Meine Motivation ist weg." (statt: „Ich fühle mich gerade nicht motiviert.")

„Unsere Beziehung funktioniert nicht." (statt: „Wir haben momentan Schwierigkeiten, miteinander zu kommunizieren.")

„Mein Selbstvertrauen ist zerstört." (statt: „Ich zweifle gerade an meinen Fähigkeiten.")

Solche Formulierungen können problematisch sein, weil sie Prozesse, die sich eigentlich verändern oder beeinflussen lassen, als unveränderliche Zustände darstellen. Das kann dazu führen, dass der Patient sich hilflos fühlt oder nicht erkennt, dass er aktiv etwas tun kann, um die Situation zu verändern.

Patientenaussage: „Ich fühle mich oft müde und habe keine Motivation, Dinge anzupacken."

Mögliche Antwort ohne Meta-Modell: "Seit wann spüren sie die Lustlosigkeit schon?

Antwort mit dem Meta-Modell „Das verstehe ich. Wie könnten wir die fehlende Motivation in konkrete Schritte verwandeln, die wir angehen können?"

Erklärung:
In dieser Aussage liegt eine Nominalisierung vor, da der Patient „Motivation" und „Erschöpfung" als feste Zustände beschreibt, anstatt sie als veränderbare Prozesse zu betrachten. Nominalisierungen sind abstrakte Begriffe, die einen dynamischen Prozess in ein statisches Konzept umwandeln, was oft das Gefühl vermittelt, dass keine Veränderung möglich ist.

Antwort ohne Meta-Modell:

Die Frage „Seit wann spüren Sie die Lustlosigkeit schon?" akzeptiert die Nominalisierung „keine Motivation" als feste Größe und hinterfragt sie nicht. Dadurch wird der Zustand als unveränderlich betrachtet.

Antwort mit dem Meta-Modell:

Die Frage „Wie könnten wir die fehlende Motivation in konkrete Schritte verwandeln, die wir angehen können?" hilft dabei, die Nominalisierung in einen Prozess umzuwandeln. Dadurch wird der Fokus auf Handlungsmöglichkeiten gelegt, sodass der Patient sieht, dass Veränderung möglich ist. Die Nominalisierung „keine Motivation" wird somit aufgetaut und somit aus dem starren Eis flüssig und damit wieder flexibel.

Patientenaussage: „Ich habe ständig diese Ängste, die mich blockieren."

Mögliche Antwort ohne Meta-Modell: „Wann haben Sie das erste Mal diese Ängste gespürt?"

Antwort mit dem Meta-Modell: „Diese Ängste blockieren Sie? Was genau erleben Sie in diesen Momenten, und wie könnten wir das verändern?"

Erklärung:

In dieser Aussage wird „Ängste" als Nominalisierung verwendet, was die Emotion als statischen, unveränderlichen Zustand darstellt. Es wird kein Raum für den Prozess oder die Entstehung der Ängste gelassen, was die Möglichkeit zur Veränderung einschränken kann.

Antwort ohne Meta-Modell:

Die Frage „Wann haben Sie das erste Mal diese Ängste gespürt?" bleibt auf der nominalisierten Form der Angst und fragt nach einem Zeitpunkt, was keine Veränderung oder Handlungsoptionen aufzeigt.

Antwort mit dem Meta-Modell:

Die Frage „Diese Ängste blockieren Sie? Was genau erleben Sie in diesen Momenten, und wie könnten wir das verändern?" hilft, die Angst als einen prozesshaften Zustand zu sehen, der durch konkrete Handlungen und Reflexion verändert werden kann. So wird der Patient dazu angeregt, zu reflektieren, was genau in diesen Momenten passiert und wie er aktiv an einer Veränderung arbeiten kann.

Patientenaussage: „Meine Unsicherheit hält mich davon ab, neue Dinge auszuprobieren."

Mögliche Antwort ohne Meta-Modell: „Wann haben Sie diese Unsicherheit zum ersten Mal gespürt?"

Antwort mit dem Meta-Modell: „Das verstehe ich. Wie könnte sich Ihre Unsicherheit in kleine Schritte verwandeln, die Sie gehen können?"

Erklärung:

In dieser Aussage liegt eine Nominalisierung vor, da der Patient „Unsicherheit" als einen festen Zustand beschreibt, anstatt sie als veränderbaren Prozess zu betrachten. Dadurch wirkt sie unveränderlich und blockiert Handlungsmöglichkeiten.

Antwort ohne Meta-Modell:

Die Frage „Wann haben Sie diese Unsicherheit zum ersten Mal gespürt?" akzeptiert die Nominalisierung „Unsicherheit" als eine feste Eigenschaft, ohne sie aufzulösen.

Antwort mit dem Meta-Modell:

Die Frage „Wie könnte sich Ihre Unsicherheit in kleine Schritte verwandeln, die Sie gehen können?" wandelt den statischen Begriff in einen dynamischen Prozess um. Dadurch wird der Patient dazu angeregt, nach Lösungen und Handlungsmöglichkeiten zu suchen, anstatt sich als Opfer eines unveränderlichen Zustands zu sehen.

183

Das Milton-Modell und der Einsatz von Nominalisierung

Im Milton-Modell bezieht sich Nominalisierung auf die Verwendung von Verben oder Prozessen, die zu Substantiven gemacht werden, um sie als fixe, unveränderliche Dinge darzustellen. Dadurch werden dynamische und oft komplexe Prozesse „eingefroren" und als feste Zustände beschrieben, die schwer zu hinterfragen oder zu ändern sind. Diese Technik kann verwendet werden, um dem Patienten ein Gefühl der Beständigkeit oder Bedeutung zu vermitteln.

Im Gespräch verwendet der Heilpraktiker Nominalisierungen wie „Vertrauen", „Veränderung", „Heilung", „Fortschritt", „Entspannung", „Transformation" und „Akzeptanz". Diese Wörter machen komplexe, dynamische Prozesse zu greifbaren, festen „Dingen". Dadurch entsteht der Eindruck, dass der Patient diese Dinge erreichen kann, als wären sie konkrete Ziele oder stabile Zustände. Nominalisierungen im Milton-Modell dienen dazu, dem Patienten klare und greifbare Ziele zu vermitteln, auch wenn es sich um Prozesse handelt, die kontinuierlich sind oder sich ständig verändern.

Durch die „Verfestigung" dieser Prozesse gibt der Heilpraktiker dem Patienten das Gefühl, dass es erreichbare und stabile Zustände sind, was oft das Vertrauen in den Heilungsprozess stärkt.

Patientenaussage: "Ich versuche, mehr Vertrauen zu haben, aber es fällt mir schwer."

Mögliche Antwort ohne Milton-Modell: "Vertrauen aufzubauen ist wichtig, um den Heilungsprozess zu unterstützen."

Antwort mit dem Milton-Modell: "Veränderung braucht
Zeit, und Akzeptanz ist ein natürlicher Teil davon. Mit
Akzeptanz beginnt die wahre Heilung."

Erklärung:
1. Nominalisierung als Sprachmuster
Nominalisierungen sind Verben oder Prozesse, die zu Substantiven gemacht wurden und dadurch abstrakt und weniger greifbar erscheinen.
Hier werden die Begriffe „Veränderung", „Akzeptanz" und „Heilung" verwendet, die als feste Konzepte dargestellt werden.
Das führt dazu, dass der Patient sie nicht direkt hinterfragt oder
konkretisieren kann, sondern sie als gegeben annimmt.

2. Reframing durch sprachliche Umformung
Statt zu sagen „Sie müssen lernen, Vertrauen zu haben" (was
Druck erzeugen könnte), wird ein sanfterer Weg gewählt.
„Veränderung braucht Zeit" → Dies normalisiert den Prozess
und nimmt den Druck, sofort Ergebnisse zu sehen.

„Akzeptanz ist ein natürlicher Teil davon" → Akzeptanz wird nicht als Leistung dargestellt, sondern als etwas, das einfach geschieht.

3. Vage Sprache & Suggestionen zur Vermeidung von Widerstand

„Mit Akzeptanz beginnt die wahre Heilung." → Eine starke Suggestion, die den Patienten in Richtung Akzeptanz lenkt, ohne ihn direkt anzuweisen.

„wahre Heilung" → Diese Formulierung erzeugt eine tiefere, fast mystische Bedeutung, die den Heilungsprozess auf eine höhere Ebene hebt.

4. Widerstandsvermeidung durch sanfte Formulierungen

Die Antwort zwingt dem Patienten keine bestimmte Denkweise auf, sondern eröffnet einen Raum, in dem Veränderung natürlich und unvermeidlich erscheint.

Durch die Verwendung von Nominalisierungen wird eine tiefere emotionale Wirkung erzeugt, weil sie als unveränderliche Wahrheiten wirken.

Alternative Kurzantworten mit dem Milton-Modell:

- „Vertrauen wächst mit der Zeit, genauso wie Heilung ein natürlicher Prozess ist."
- „Innere Ruhe entsteht oft genau dann, wenn Akzeptanz Teil des Prozesses wird."

Diese Varianten nutzen Nominalisierungen, um eine sanfte, nicht greifbare, aber überzeugende Suggestion zu erzeugen, die den Patienten in einen förderlichen Denkrahmen führt.

186

Patientenaussage: "Ich weiß, dass Geduld wichtig ist, aber manchmal fällt es mir schwer, ruhig zu bleiben."

Mögliche Antwort ohne Milton-Modell: "Es ist normal, dass es manchmal schwerfällt, geduldig zu bleiben. Doch mit etwas Übung wird es leichter."

Antwort mit dem Milton-Modell: "Geduld ist ein Prozess, der sich mit jeder Erfahrung vertieft. Gelassenheit ist oft der Schlüssel zu innerer Stärke."

Erklärung:

1. Nominalisierung als Sprachmuster
Nominalisierungen wie „Geduld", „Prozess", „Gelassenheit" und „innere Stärke" verwandeln dynamische Vorgänge in feste Begriffe. Dadurch erscheinen sie unveränderlich und als allgemeingültige Wahrheiten, die nicht hinterfragt werden.
Diese Technik führt dazu, dass der Patient den Gedanken aufnimmt, ohne sich gezwungen zu fühlen.

2. Reframing durch sprachliche Umformung
Statt „Sie müssen einfach geduldiger sein" (was Widerstand erzeugen könnte), wird „Geduld ist ein Prozess" formuliert.

„der sich mit jeder Erfahrung vertieft" → Dies suggeriert, dass jede Erfahrung (selbst Ungeduld) Teil eines Wachstumsprozesses ist.

„Gelassenheit ist oft der Schlüssel zu innerer Stärke" → Hier wird Gelassenheit als Voraussetzung für Stärke dargestellt, was den Fokus sanft umlenkt.

3. Vage Sprache & Suggestionen zur Vermeidung von Widerstand

„Geduld ist ein Prozess" → Der Patient wird nicht direkt aufgefordert, geduldig zu sein, sondern bekommt eine allgemein gültige Erklärung.

„Gelassenheit ist oft der Schlüssel" → Keine absolute Aussage, sondern eine sanfte Suggestion, die Raum für eigene Interpretationen lässt.

4. Widerstandsvermeidung durch sanfte Formulierungen

Da keine konkrete Anweisung gegeben wird, fühlt sich der Patient nicht bevormundet. Die Antwort führt ihn unbewusst in die Richtung, dass Geduld und Gelassenheit automatisch entstehen, anstatt dass sie „erzwungen" werden müssen.

Alternative Kurzantworten mit dem Milton-Modell:

-„Innere Ruhe wächst mit jeder neuen Erfahrung."
-„Geduld entfaltet sich oft genau dann, wenn man sie am wenigsten erwartet."

Diese Varianten nutzen Nominalisierungen gezielt, um eine akzeptierende und erwartungsvolle Haltung beim Patienten zu erzeugen, ohne Druck aufzubauen.

Patientenaussage: "Ich wünschte, ich hätte mehr Selbstvertrauen, aber es fühlt sich einfach nicht so an."

Mögliche Antwort ohne Milton-Modell: "Selbstvertrauen entwickelt sich mit der Zeit, wenn man sich immer wieder neuen Herausforderungen stellt."

Antwort mit dem Milton-Modell: "Selbstvertrauen ist ein natürlicher Prozess, der mit jeder neuen Erfahrung wächst. Sicherheit entsteht oft genau dann, wenn man es am wenigsten erwartet."

Erklärung:

1. Nominalisierung als Sprachmuster
Die Begriffe „Selbstvertrauen", „Prozess" und „Sicherheit" sind Nominalisierungen, da sie dynamische Vorgänge in feste Konzepte umwandeln. Dadurch erscheinen sie als natürliche, unvermeidliche Entwicklungen, anstatt als etwas, das aktiv getan werden muss. Dies führt dazu, dass der Patient Selbstvertrauen nicht mehr als Leistung betrachtet, sondern als etwas, das sich von selbst entfaltet.

2. Reframing durch sprachliche Umformung
Statt „Sie müssen lernen, selbstbewusster zu sein" (was Widerstand erzeugen könnte), wird „Selbstvertrauen ist ein natürlicher Prozess" formuliert.

„der mit jeder neuen Erfahrung wächst" → Dies impliziert, dass
jede Erfahrung – auch Zweifel – Teil des Wachstums ist.

„Sicherheit entsteht oft genau dann, wenn man es am wenigsten erwartet" → Diese Aussage lenkt den Fokus darauf, dass
Sicherheit nicht erzwungen werden muss, sondern einfach geschieht.

3. Vage Sprache & Suggestionen zur Vermeidung von Wider-
stand
„Selbstvertrauen ist ein natürlicher Prozess" → Keine direkte
Handlungsaufforderung, sondern eine allgemeine Wahrheit.

„Sicherheit entsteht oft genau dann..." → Eine offene, nicht
überprüfbare Aussage, die sich für viele Menschen stimmig anfühlt.

4. Widerstandsvermeidung durch sanfte Formulierungen
Die Antwort erzeugt keinen Druck, sofort Selbstvertrauen zu
haben.
Stattdessen wird eine allgemeine Erwartung geweckt, dass
Selbstvertrauen automatisch wächst, wenn man sich darauf
einlässt.

Alternative Kurzantworten mit dem Milton-Modell:

-„Selbstvertrauen entwickelt sich von selbst, wenn man sich erlaubt, es zu entdecken."

-„Innere Stärke entfaltet sich oft in Momenten, in denen man es nicht erwartet."

-„Sicherheit wird mit jeder Erfahrung zu einem natürlichen Bestandteil Ihres Lebens."

Diese Varianten nutzen Nominalisierungen gezielt, um dem Patienten das Gefühl zu geben, dass Selbstvertrauen nicht erzwungen werden muss, sondern auf natürliche Weise entsteht.

Unspezifisches Verb

Ein unspezifisches Verb wird verwendet, wenn eine Handlung oder ein Prozess vage und unklar beschrieben wird, sodass die genaue Bedeutung oder Aktion nicht eindeutig ist.

ANALYSE

Es ist, als ob jemand sagt: *"Etwas passiert."* Aber man weiß nicht genau, was gemeint ist, weil es nicht genau beschrieben wird.

Heilpraktiker könnten Aussagen von Patienten hören wie: *"Ich fühle mich schlecht."* oder *"Ich komme nicht weiter."* Diese Verben sind so unspezifisch, dass unklar bleibt, was genau der Patient meint. Der Heilpraktiker kann nachfragen, z. B.: *"Was genau fühlst du?"* oder *"Was genau hindert dich daran, weiterzukommen?"*, um mehr Klarheit zu schaffen und das Problem besser zu verstehen.

Unspezifische Verben machen Aussagen vage und ungenau. Frage: „Was genau haben Sie damit gemeint? Können Sie die Handlung präziser beschreiben?"

„Wir müssen das Ganze verbessern."

Was genau soll verbessert werden? Wie? In welchem Bereich? Das Verb „verbessern" sagt wenig über die konkrete Aktion aus.

Reaktion:
Der Satz klingt unpräzise – der andere weiß nicht, was konkret zu tun ist.

METAPHER

Das ist, wie wenn jemand sagt: „Ich arbeite zu viel." Aber was genau bedeutet das? Arbeitest du zu lange, machst du zu viele Aufgaben gleichzeitig, oder fühlst du dich überfordert? Unspezifische Verben lassen wichtige Details offen, die für eine Lösung entscheidend sein können.

Das Meta-Modell im Einsatz mit dem Unspezifischem Verb

Das unspezifische Verb ist eine Verletzung auf Wortebene im Meta-Modell der Sprache, bei der eine Handlung oder ein Prozess vage und ungenau beschrieben wird. Das bedeutet, dass aus der Aussage nicht klar hervorgeht, was genau geschieht oder auf welche Weise etwas geschieht. Solche Formulierungen lassen viel Interpretationsspielraum und können Missverständnisse oder unklare Vorstellungen erzeugen.

Typische Beispiele für unspezifische Verben sind:

„Er hat mich verletzt." (Wie genau? Körperlich oder emotional? Mit Worten oder Taten?)
„Ich schaffe das nicht." (Was genau wird nicht geschafft? Woran scheitert es?)
„Sie hilft mir." (Wobei genau? In welcher Form?)

Diese Art der Sprache kann dazu führen, dass wichtige Informationen fehlen oder dass der Patient in einer diffusen Wahrnehmung seiner Situation bleibt. Dadurch fällt es schwer, konkrete Lösungsansätze zu finden oder gezielt an Veränderungen zu arbeiten.

Ein Heilpraktiker kann unspezifische Verben klären, indem er gezielt nachfragt: „Wie genau hat er dich verletzt?", „Was genau fällt dir schwer?" oder „In welcher Weise hilft sie dir?" Diese Fragen helfen dem Patienten, seine Gedanken zu präzisieren und klarer zu formulieren, was ihm oft eine neue Perspektive auf seine Situation eröffnet.

Indem Prozesse und Handlungen genauer beschrieben werden, wird der Patient in die Lage versetzt, gezielter Lösungen zu entwickeln und sein eigenes Erleben bewusster wahrzunehmen. So wird aus einer vagen, unklaren Aussage eine konkrete Beschreibung, die mehr Handlungsspielraum und Einsicht ermöglicht.

Patientenaussage: „„Ich fühle mich einfach schlecht."

Mögliche Antwort ohne Meta-Modell: „Wo genau spüren sie das?."

Antwort mit dem Meta-Modell: „Das verstehe ich. Was genau meinen Sie mit ‚schlecht fühlen'? Können Sie das genauer beschreiben?"

Erklärung:
In dieser Aussage liegt ein unspezifisches Verb vor, da „schlecht fühlen" eine vage Beschreibung eines Zustands ist. Es bleibt unklar, was genau der Patient empfindet – ob es sich um körperliche Beschwerden, emotionale Belastung oder eine andere Wahrnehmung handelt.

Antwort ohne Meta-Modell:

Die Frage „Wo genau spüren Sie das?" hilft zwar, das Gefühl zu lokalisieren, geht aber nicht direkt auf die Unklarheit des Ausdrucks „schlecht fühlen" ein.

Antwort mit dem Meta-Modell:

Die Frage „Was genau meinen Sie mit ‚schlecht fühlen'? Können Sie das genauer beschreiben?" fordert den Patienten auf, seine Empfindung präziser zu beschreiben. Dadurch kann das vage Gefühl konkretisiert und besser verstanden werden, was auch eine gezieltere Behandlung oder Unterstützung ermöglicht.

195

 **Patientenaussage:** „Ich kann mich nicht konzentrieren."

Mögliche Antwort ohne Meta-Modell: „Wann ist Ihnen das zum ersten Mal aufgefallen?"

Antwort mit dem Meta-Modell: „Was genau bedeutet ‚nicht konzentrieren können für Sie? Woran merken Sie das konkret?"

Erklärung:
In dieser Aussage liegt ein unspezifisches Verb vor, da „konzentrieren" nicht näher beschrieben wird. Es bleibt unklar, was genau der Patient damit meint – ob er leicht abgelenkt ist, sich an nichts erinnern kann oder ob er schnell müde wird.

Antwort ohne Meta-Modell:

Die Frage „Wann ist Ihnen das zum ersten Mal aufgefallen?" akzeptiert das unspezifische Verb, ohne es weiter zu präzisieren.

Antwort mit dem Meta-Modell:

Die Frage „Was genau bedeutet ‚nicht konzentrieren können' für Sie? Woran merken Sie das konkret?" fördert den Patienten auf, seine Aussage genauer zu definieren. Dadurch wird klarer, worin das Problem besteht, was eine gezieltere Unterstützung ermöglicht.

Patientenaussage: „Ich komme mit meiner Situation nicht klar."

Mögliche Antwort ohne Meta-Modell: „Das kann ich verstehen, das ist sicher nicht einfach."

Antwort mit dem Meta-Modell: „Was genau bedeutet ‚nicht klarkommen' für Sie? Was passiert konkret, wenn Sie versuchen, mit der Situation umzugehen?"

Erklärung:

In dieser Aussage liegt ein unspezifisches Verb vor, da „nicht klarkommen" eine vage Formulierung ist. Es bleibt unklar, ob der Patient sich überfordert fühlt, keine Lösungen sieht oder bestimmte Emotionen dabei erlebt.

Antwort ohne Meta-Modell:

Die Aussage „Das kann ich verstehen, das ist sicher nicht einfach." zeigt zwar Empathie, hinterfragt aber nicht die unklare Bedeutung von „nicht klarkommen".

Antwort mit dem Meta-Modell:

Die Frage „Was genau bedeutet ‚nicht klarkommen' für Sie? Was passiert konkret, wenn Sie versuchen, mit der Situation umzugehen?" hilft dem Patienten, seine Aussage zu präzisieren.

Das Milton-Modell im Einsatz mit dem Unspezifischen Verb

Im Milton-Modell bezieht sich ein unspezifisches Verb auf Verben, die vage sind und keine genauen Informationen darüber liefern, wie etwas passiert. Solche Verben lassen offen, was konkret getan oder erlebt wird, und erlauben es dem Patienten, die Lücken selbst zu füllen, was oft zu einer größeren Akzeptanz und Offenheit führt. Der Patient projiziert seine eigenen Erfahrungen oder Erwartungen in die Aussage des Heilpraktikers.

Ein Gespräch, in dem der Heilpraktiker das Milton-Modell im Bereich unspezifisches Verb anwendet, könnte so aussehen, dass der Heilpraktiker Verben verwendet, die absichtlich ungenau bleiben, sodass der Patient die Bedeutung selbst interpretieren muss.

Der Heilpraktiker verwendet unspezifische Verben wie „loslassen", „geschehen lassen", „spüren", „sich einlassen" und „fließen lassen". Diese Verben geben keine klaren Anweisungen oder Informationen darüber, wie oder was genau der Patient tun soll.

Stattdessen bleibt die Bedeutung offen und vage, sodass der Patient die Aussagen auf seine eigene Art und Weise verstehen und interpretieren kann. Durch die Verwendung von unspezifischen Verben im Milton-Modell wird es dem Patienten ermöglicht, sich stärker mit den Aussagen zu identifizieren und sie auf seine eigene Situation zu übertragen. Der Heilpraktiker schafft so eine Atmosphäre, in der der Patient weniger Widerstand gegen Anweisungen empfindet, da er die vagen Aussagen selbst ausfüllt und als relevant für sich wahrnimmt.

Patientenaussage: „Ich habe oft das Gefühl, dass ich alles zu schnell erledigen muss."

Mögliche Antwort ohne Milton-Modell: "Sie sollten versuchen in bestimmten Situationen ruhiger zu reagieren

Antwort mit dem Milton-Modell: "Manchmal reicht es, einfach mehr Gelassenheit zuzulassen. Das kann schon sehr hilfreich sein."

Erklärung:
1. Unspezifische Verben als Sprachmuster
Unspezifische Verben wie „zulassen" und „kann hilfreich sein" sind bewusst vage und nicht genau definiert.

„Gelassenheit zulassen" ist eine offene Formulierung, die keine genaue Handlung oder einen konkreten Schritt erfordert.

„Das kann schon sehr hilfreich sein" → Das Verb „kann" impliziert eine Möglichkeit, aber keine Garantie oder Verpflichtung.

2. Reframing durch eine unaufdringliche Formulierung
Anstatt zu sagen „Sie müssen langsamer machen" (was Widerstand erzeugen könnte), wird eine sanfte Möglichkeit angeboten.

„Manchmal reicht es..." → Dies nimmt den Druck weg, dass eine große Anstrengung nötig wäre.

„einfach mehr Gelassenheit zuzulassen" → Lässt offen, wie genau das geschehen soll, sodass der Patient die Formulierung für sich selbst anpassen kann.

3. Vage Sprache & Suggestionen zur Vermeidung von Widerstand
„Manchmal reicht es..." → Eine offene, nicht absolute Aussage, die den Patienten nicht zu einer bestimmten Handlung zwingt.

„Das kann schon sehr hilfreich sein" → Vermeidet eine feste Behauptung und lässt Raum für eigene Interpretation.

4. Widerstandsvermeidung durch offene Möglichkeiten
Der Patient wird nicht gedrängt, eine bestimmte Lösung umzusetzen.

Stattdessen wird eine alternative Sichtweise angeboten, die sich sanft in sein Denken integrieren kann.

Alternative Kurzantworten mit dem Milton-Modell:

- „Manchmal genügt es, sich selbst einen Moment mehr Zeit zu geben."

- „Es kann hilfreich sein, einfach mal einen Atemzug länger zu nehmen."

- „Viele bemerken, dass schon kleine Veränderungen eine große Wirkung haben können."

Diese Varianten nutzen unspezifische Verben gezielt, um eine positive Richtung zu suggerieren, ohne den Patienten auf eine bestimmte Handlung festzulegen.

Patientenaussage: "Ich weiß nicht, wie ich in stressigen Situationen besser damit umgehen kann."

Mögliche Antwort ohne Milton-Modell: "Sie sollten versuchen, bewusst tief durchzuatmen und sich selbst Pausen zu gönnen."

Antwort mit dem Milton-Modell: "Manchmal genügt es, sich dem Moment hinzugeben. Das kann bereits vieles erleichtern."

Erklärung:

1. Unspezifische Verben als Sprachmuster
Die Verben „sich hingeben" und „erleichtern" sind bewusst vage gehalten und lassen offen, wie genau dies geschehen soll.

„sich dem Moment hingeben" → Diese Formulierung ist unspezifisch und kann vom Patienten individuell interpretiert werden.
„Das kann bereits vieles erleichtern" → „erleichtern" bleibt unbestimmt – was genau erleichtert wird, darf der Patient selbst entdecken.

2. Reframing durch eine sanfte Perspektivverschiebung
Anstatt direkt eine Anweisung zu geben („Sie müssen sich entspannen"), wird eine allgemeine Möglichkeit angeboten.

„Manchmal genügt es…" → Dies suggeriert, dass keine große Anstrengung nötig ist.

„sich dem Moment hinzugeben" → Dies öffnet einen Denkraum, ohne eine konkrete Erwartung zu setzen.

3. Vage Sprache & Suggestionen zur Vermeidung von Widerstand

„Manchmal genügt es…" → Keine absolute Aussage, sondern eine offene Möglichkeit.

„Das kann bereits vieles erleichtern" → Das Wort „kann" macht die Aussage unverbindlich und vermeidet Druck.

4. Widerstandsvermeidung durch unaufdringliche Formulierung

Der Patient wird nicht zu einer bestimmten Handlung aufgefordert, sondern eingeladen, sich einer neuen Möglichkeit zu öffnen. Die Aussage lässt genügend Raum, um eine eigene Interpretation zu finden, wodurch Widerstand minimiert wird.

Alternative Kurzantworten mit dem Milton-Modell:

- „Oft hilft es, einfach einen Moment innezuhalten und zu beobachten, was geschieht."
- „Es kann hilfreich sein, einfach mal für einen Augenblick alles so sein zu lassen, wie es ist."
- „Viele bemerken, dass sich Entspannung manchmal ganz von selbst einstellt."

Diese Varianten nutzen unspezifische Verben gezielt, um eine sanfte, offene Richtung vorzugeben, ohne den Patienten zu einer bestimmten Handlung zu zwingen.

Patientenaussage: "Ich weiß nicht, wie ich in schwierigen Momenten die Kontrolle behalten kann."

Mögliche Antwort ohne Milton-Modell: "Versuchen Sie, bewusst auf Ihre Atmung zu achten und sich nicht von Emotionen überwältigen zu lassen."

Antwort mit dem Milton-Modell: "Manchmal reicht es, einfach loszulassen. Das kann bereits vieles verändern."

Erklärung:
1. Unspezifische Verben als Sprachmuster
Die Verben „loslassen" und „verändern" sind absichtlich unspezifisch gehalten.

„loslassen" → Bedeutet für jeden etwas anderes und kann individuell interpretiert werden.

„verändern" → Bleibt vage – was sich genau verändert, ist offen und hängt von der Perspektive des Patienten ab.

2. Reframing durch eine sanfte Umdeutung
Anstatt zu sagen „Sie müssen die Kontrolle behalten" (was Druck erzeugen könnte), wird „Manchmal reicht es, einfach loszulassen" formuliert.

Dies lenkt den Fokus darauf, dass Kontrolle nicht erzwungen werden muss, sondern dass sich durch eine entspannte Haltung Dinge oft von selbst regeln.

3. Vage Sprache & Suggestionen zur Vermeidung von Widerstand

„Manchmal reicht es..." → Keine direkte Handlungsempfehlung, sondern eine sanfte Möglichkeit.

„Das kann bereits vieles verändern" → Unspezifisch genug, damit der Patient seine eigenen Erfahrungen und Gedanken dazu assoziieren kann.

4. Widerstandsvermeidung durch unaufdringliche Formulierung

Die Antwort suggeriert eine Möglichkeit, anstatt eine feste Lösung vorzugeben.

Da die Formulierung offen ist, fühlt sich der Patient nicht gezwungen, einer bestimmten Vorgehensweise zu folgen.

Alternative Kurzantworten mit dem Milton-Modell:

- „Manchmal genügt es, einen Moment innezuhalten und zu beobachten, was passiert."

- „Es kann hilfreich sein, den Dingen Raum zu geben und ihnen ihren eigenen Rhythmus zu lassen."

- „Viele bemerken, dass sich Kontrolle oft genau dann einstellt, wenn man sie nicht erzwingen will."

Diese Varianten nutzen unspezifische Verben gezielt, um eine positive Richtung zu geben, ohne den Patienten zu einer konkreten Handlung zu drängen.

Unspezifisches Adverb

Ein unspezifisches Adverb wird verwendet, wenn eine Beschreibung vage bleibt und unklar ist, wie genau etwas geschieht oder in welchem Maß eine Handlung oder ein Zustand zutrifft.

Es ist, als ob jemand sagt: *"Das ist irgendwie so."* Aber man weiß nicht genau, wie oder warum es so ist. Heilpraktiker könnten Aussagen wie diese von Patienten hören: *"Ich fühle mich irgendwie besser."* oder *"Die Schmerzen sind ziemlich schlimm."* Diese Adverbien sind ungenau und lassen offen, was genau gemeint ist. Der Heilpraktiker kann nachfragen, z. B.: *"Was bedeutet für dich ‚irgendwie besser'?"* oder *"Wie genau fühlt sich ‚ziemlich schlimm' an?"*, um mehr Details zu erhalten und eine präzisere Kommunikation zu fördern.

Unspezifische Adverbien bieten keine klare Beschreibung einer Handlung.
Frage: „Wie genau handeln Sie in dieser Situation? Was bedeutet irgendwie in Ihrem speziellen Fall?"

„Das hat sich irgendwie verändert."

Wie genau hat es sich verändert? In welche Richtung? Positiv? Negativ? Das Wort „irgendwie" lässt alles offen.

Reaktion:

Der andere bleibt ratlos zurück, weil keine klare Information vermittelt wird.

METAPHER

Das ist, wie wenn jemand sagt: „Das Wetter ist irgendwie komisch." Was bedeutet „komisch"? Ist es zu heiß, zu kalt, oder regnet es unerwartet? Ohne genau hinzuschauen, bleibt die Beschreibung vage, und man kann nichts dagegen tun. Aber wenn man sagt: „Es ist schwül und drückend, weil es gleich regnen könnte", versteht man, was los ist, und kann zum Beispiel den Regenschirm mitnehmen. Je klarer man beschreibt, desto besser kann man reagieren.

Das Meta-Modell im Einsatz mit dem Unspezifischen Adverb

Das unspezifische Adverb ist eine Verletzung auf Wortebene im Meta-Modell der Sprache, bei der eine Handlung oder ein Zustand mit einem ungenauen Adverb beschrieben wird. Dadurch bleibt unklar, wie genau etwas geschieht oder in welchem Maß eine Aussage zutrifft. Solche vagen Beschreibungen können Missverständnisse hervorrufen oder verhindern, dass der Patient eine präzise Vorstellung von seiner eigenen Situation bekommt.

Typische Beispiele für unspezifische Adverbien sind:

„Ich fühle mich irgendwie schlecht." (Wie genau? Körperlich? Emotional? In welcher Intensität?)
„Das klappt meistens nicht." (Wann genau klappt es? Gibt es Ausnahmen?)
Er behandelt mich schlecht." (In welcher Weise? Was genau tut er?)
Solche Formulierungen erschweren eine gezielte Auseinandersetzung mit der Situation, da sie keine klaren Informationen liefern. Das kann dazu führen, dass der Patient sich in einer unbestimmten Wahrnehmung seiner Probleme verliert oder keine konkreten Lösungswege sieht.

Ein Heilpraktiker kann mit dem Meta-Modell der Sprache helfen, unspezifische Adverbien zu klären, indem er gezielt nachfragt: „Was genau meinst du mit ‚schlecht'?", „Wie oft ist ‚meistens'?" oder „In welcher Weise genau wirst du schlecht behandelt?" Diese Fragen zwingen den Patienten dazu, seine Gedanken zu präzisieren, wodurch er eine klarere Sicht auf seine Situation bekommt.
Indem ungenaue Beschreibungen aufgelöst werden, entsteht mehr Bewusstsein für die eigene Wahrnehmung. Dies kann nicht nur Missverständnisse vermeiden, sondern auch dazu beitragen, neue Lösungsansätze zu erkennen und die Kontrolle über das eigene Erleben zurückzugewinnen.

Patientenaussage: „In letzter Zeit geht es mir irgendwie schlechter."

Mögliche Antwort ohne Meta-Modell: „Das klingt nicht gut. Seit wann haben Sie das Gefühl?"

Antwort mit dem Meta-Modell: „Was genau bedeutet ‚irgendwie schlechter' für Sie? Inwiefern fühlen Sie sich anders als zuvor?"

Erklärung:

In dieser Aussage liegt ein unspezifisches Adverb vor, da „irgendwie" und „schlechter" eine ungenaue Beschreibung des Zustands liefern. Es bleibt unklar, ob sich der Patient körperlich oder emotional schlechter fühlt und worauf sich diese Wahrnehmung genau bezieht.

Antwort ohne Meta-Modell:

Die Frage „Seit wann haben Sie das Gefühl?" akzeptiert die unklare Formulierung, ohne den Patienten zu einer genaueren Beschreibung zu ermutigen.

Antwort mit dem Meta-Modell:

Die Frage „Was genau bedeutet ‚irgendwie schlechter' für Sie? Inwiefern fühlen Sie sich anders als zuvor?" hilft dem Patienten, die vage Aussage zu präzisieren. Dadurch wird verständlicher, was sich tatsächlich verändert hat, sodass gezielter darauf eingegangen werden kann.

Patientenaussage: „Ich fühle mich heutzutage oft unwohl."

Mögliche Antwort ohne Meta-Modell: „Das ist unangenehm. Woran merken Sie das am meisten?"

Antwort mit dem Meta-Modell: „Was genau bedeutet ‚oft' für Sie? Gibt es bestimmte Situationen, in denen Sie sich besonders unwohl fühlen?"

Erklärung:

In dieser Aussage liegt ein unspezifisches Adverb vor, da „oft" und „unwohl" unklar bleiben. Es wird nicht spezifiziert, wie häufig oder in welchen Situationen sich der Patient unwohl fühlt.

Antwort ohne Meta-Modell:

Die Frage „Woran merken Sie das am meisten?" nimmt die Aussage an, ohne sie weiter zu hinterfragen oder zu konkretisieren.

Antwort mit dem Meta-Modell:

Die Fragen „Was genau bedeutet ‚oft' für Sie?" und „Gibt es bestimmte Situationen, in denen Sie sich besonders unwohl fühlen?" helfen dem Patienten, seine Wahrnehmung zu präzisieren. Dadurch kann besser verstanden werden, wann und warum dieses Gefühl auftritt, was die Suche nach Lösungen erleichtert.

Patientenaussage: „Ich bin in letzter Zeit ziemlich gestresst."

Mögliche Antwort ohne Meta-Modell: „Das kann ich gut nachvollziehen. Gibt es etwas, das Sie besonders belastet?"

Antwort mit dem Meta-Modell: „Was genau bedeutet ‚ziemlich gestresst' für Sie? Wie äußert sich dieser Stress konkret?"

Erklärung:

Hier liegt ein unspezifisches Adverb vor, da „ziemlich" und „gestresst" eine vage Beschreibung des Zustands liefern. Es bleibt unklar, wie stark der Stress empfunden wird und in welchen Situationen er auftritt.

Antwort ohne Meta-Modell:

Die Frage „Gibt es etwas, das Sie besonders belastet?" lenkt das Gespräch auf mögliche Ursachen, hinterfragt aber nicht die unklare Formulierung „ziemlich gestresst".

Antwort mit dem Meta-Modell:

Die Fragen „Was genau bedeutet ‚ziemlich gestresst' für Sie?" und „Wie äußert sich dieser Stress konkret?" helfen dem Patienten, seine Aussage zu präzisieren. Dadurch wird er dazu angeregt, seinen Zustand genauer zu beschreiben, was eine gezieltere Unterstützung ermöglicht.

Das Milton-Model im Einsatz mit dem Unspezifischen Adverb

Im Milton-Modell werden unspezifische Adverbien verwendet, um Beschreibungen vage und offen zu halten. Ein unspezifisches Adverb beschreibt, wie eine Handlung ausgeführt wird, lässt dabei jedoch viel Interpretationsraum. Das Ziel ist, dass der Patient die Bedeutung selbst füllt, basierend auf seinen eigenen Erfahrungen und Erwartungen, was die Wahrscheinlichkeit erhöht, dass er die Aussage als passend und relevant für sich empfindet.

Im Gespräch verwendet der Heilpraktiker unspezifische Adverbien wie „bald", „anders", „langsam", „bewusst", „schnell", „manchmal", „sehr", „allmählich", „oft", „bald" und „immer". Diese Adverbien sind absichtlich vage, um den Patienten dazu anzuregen, die Bedeutung selbst zu interpretieren.

Das Ziel von unspezifischen Adverbien im Milton-Modell ist es, den Patienten nicht in eine konkrete Richtung zu drängen, sondern ihm die Freiheit zu geben, die Bedeutung der Aussagen auf seine eigene Situation anzuwenden. Dadurch wird die Aussage für den Patienten flexibler und persönlicher, was dazu führen kann, dass er sie besser akzeptiert und sich mehr darauf einlässt.

 **Patientenaussage:** "Ich habe das Gefühl, dass es manchmal einfach zu viel für mich wird."

Mögliche Antwort ohne Milton-Modell: "Es hilft, sich bewusst Pausen zu nehmen und Prioritäten zu setzen."

Antwort mit dem Milton-Modell: "Oft genügt es, sich einen Moment Zeit zu nehmen. Das kann vieles erleichtern."

Erklärung:
1. . Unspezifisches Adverb als SprachmusterDas Adverb „oft"
ist absichtlich unspezifisch und lässt
offen, wie häufig oder unter welchen Bedingungen die Aussage gilt.

Dadurch bleibt die Antwort flexibel und schwer zu widerlegen.

Der Patient kann die Bedeutung für sich selbst interpretieren, was Widerstand reduziert.

2. Reframing durch eine sanfte Umdeutung

Statt eine direkte Empfehlung zu geben („Sie sollten sich regelmäßig Zeit nehmen"), wird die Aussage als eine allgemeine Beobachtung formuliert.

„Oft genügt es..." → Dies vermittelt, dass bereits kleine Veränderungen Wirkung zeigen können, ohne dass großer Aufwand nötig ist.

3. Vage Sprache & Suggestionen zur Vermeidung von Widerstand

„sich einen Moment Zeit zu nehmen" → Unklar, wie lange oder wie oft, sodass der Patient die Aussage selbst mit Bedeutung füllen kann.

„Das kann vieles erleichtern" → Unspezifisch, was genau erleichtert wird, wodurch die Aussage schwer abzulehnen ist.

4. Widerstandsvermeidung durch offene Formulierung

Die Antwort gibt keine feste Anweisung oder Regel vor, sondern bietet eine Möglichkeit.

Dadurch kann der Patient sich dem Gedanken öffnen, ohne sich verpflichtet zu fühlen, einer festen Struktur zu folgen.

Alternative Kurzantworten mit dem Milton-Modell:

-„Manchmal hilft es, einfach einen Moment durchzuatmen."

-„Es ist spannend zu sehen, wie sich vieles ganz von selbst regelt."

-„Häufig zeigt sich, dass kleine Pausen große Wirkung haben können."

Diese Varianten nutzen unspezifische Adverbien gezielt, um eine sanfte, offene Richtung vorzugeben, ohne den Patienten zu einer bestimmten Handlung zu zwingen.

213

Patientenaussage: "Ich weiß nicht, ob ich mich wirklich entspannen kann."

Mögliche Antwort ohne Milton-Modell: "Mit der richtigen Technik und etwas Übung wird es leichter."

Antwort mit dem Milton-Modell: "Manchmal stellt sich Entspannung genau dann ein, wenn man es am wenigsten erwartet."

Erklärung:
1. Unspezifisches Adverb als Sprachmuster
Das Adverb „manchmal" ist bewusst vage gehalten, um keine feste Regel oder Erwartung zu setzen.
Dadurch bleibt die Aussage flexibel und universell gültig.

Der Patient kann eigene Erlebnisse mit der Formulierung in Verbindung bringen, was die Akzeptanz erleichtert.

2. Reframing durch sanfte Erwartungshaltung

Statt zu sagen „Sie werden sich entspannen" (was Druck erzeugen könnte), wird Entspannung als etwas dargestellt, das sich manchmal einfach von selbst ergibt.

„genau dann, wenn man es am wenigsten erwartet" → Diese Formulierung lenkt den Fokus darauf, dass Entspannung nicht erzwungen werden muss.

3. Vage Sprache & Suggestionen zur Vermeidung von Widerstand

„Manchmal" → Keine absolute Aussage, sodass der Patient nicht das Gefühl hat, er „müsse" sich entspannen.

„stellt sich Entspannung genau dann ein" → Formulierung im Passiv, was den Eindruck vermittelt, dass Entspannung einfach geschieht.

4. Widerstandsvermeidung durch offene Formulierung

Da keine konkrete Handlung gefordert wird, fühlt sich der Patient nicht unter Druck gesetzt.

Die Aussage öffnet einen Denkraum, in dem Entspannung als natürlicher Prozess wahrgenommen wird.

Alternative Kurzantworten mit dem Milton-Modell:

-„Oft kommt Entspannung genau in dem Moment, in dem man nicht danach sucht."

-„Häufig merkt man erst im Nachhinein, dass Ruhe sich ganz von selbst eingestellt hat."

-„Manchmal genügt es, sich selbst einfach ein wenig Zeit zu geben."

Diese Varianten nutzen unspezifische Adverbien gezielt, um eine sanfte, offene Erwartungshaltung zu erzeugen, ohne den Patienten zu einer bestimmten Handlung zu drängen.

 **Patientenaussage:** "Ich hoffe, dass ich irgendwann mehr Vertrauen in mich selbst haben werde."

Mögliche Antwort ohne Milton-Modell: Mit der Zeit wächst Vertrauen, wenn man sich immer wieder neuen Herausforderungen stellt."

Antwort mit dem Milton-Modell: "Oft entwickelt sich Vertrauen genau dann, wenn man gar nicht darüber nachdenkt."

Erklärung:
1. Unspezifisches Adverb als Sprachmuster
Das Adverb „oft" ist absichtlich unspezifisch und lässt offen, wann genau und unter welchen Bedingungen die Veränderung eintritt.
Dies macht die Aussage schwer zu widerlegen und vermeidet eine starre Erwartungshaltung.Der Patient kann eigene Erlebnisse damit verknüpfen, wodurch die Aussage leichter akzeptiert wird.

2. Reframing durch sanfte Perspektivverschiebung

Statt zu sagen „Sie müssen nur an sich glauben" (was Widerstand erzeugen könnte), wird Vertrauen als ein natürlich wachsender Prozess dargestellt.

„genau dann, wenn man gar nicht darüber nachdenkt" → Dies lenkt den Fokus weg von bewusster Anstrengung und hin zu einer mühelosen Entwicklung.

3. Vage Sprache & Suggestionen zur Vermeidung von Widerstand

„Oft entwickelt sich Vertrauen" → Keine absolute Aussage, sodass der Patient sich nicht unter Druck gesetzt fühlt.

„wenn man gar nicht darüber nachdenkt" → Impliziert, dass Vertrauen nicht erzwungen werden muss, sondern sich organisch entfalten kann.

4. Widerstandsvermeidung durch offene Formulierung

Die Aussage enthält keine Aufforderung oder feste Regel, wodurch sie leicht akzeptiert werden kann.

Der Patient kann Vertrauen als etwas wahrnehmen, das sich von selbst einstellt, anstatt es aktiv erarbeiten zu müssen.

Alternative Kurzantworten mit dem Milton-Modell:

- „Manchmal wächst Vertrauen genau dann, wenn man sich nicht darum bemüht."

- „Häufig merkt man erst im Nachhinein, dass das Vertrauen längst da war."

- „Vertrauen entsteht oft ganz von selbst, wenn man sich erlaubt, es zuzulassen."

Diese Varianten nutzen unspezifische Adverbien gezielt, um eine sanfte, offene Erwartung zu schaffen, ohne Druck oder Widerstand zu erzeugen.

Modaloperatoren

Eine Verletzung durch Modaloperatoren tritt auf, wenn Wörter wie *müssen, sollen, können, dürfen, nicht dürfen* oder *könnten* unreflektiert verwendet werden und dadurch Möglichkeiten, Alternativen oder Entscheidungsfreiheit eingeschränkt werden.

Es ist, als ob jemand sagt: *"Das geht nur so, und es gibt keinen anderen Weg."* Aber eigentlich gibt es oft viele andere Möglichkeiten, die man sich nur anschauen muss. Heilpraktiker könnten Aussagen von Patienten hören wie: *"Ich muss mich ständig anstrengen, um gesund zu bleiben."* oder *"Ich darf keine Fehler machen, sonst wird alles schlimmer."* Diese Modaloperatoren können einschränkend wirken und Alternativen ausblenden. Der Heilpraktiker kann durch Nachfragen wie *"Was würde passieren, wenn du es anders machen könntest?"* oder *"Wer sagt, dass du das musst?"* helfen, die Einschränkungen zu hinterfragen und neue Perspektiven zu öffnen.

Modaloperatoren wie „müssen" oder „können" beeinflussen unsere Wahrnehmung von Möglichkeiten.

Frage: „Was würde passieren, wenn Sie nicht müssten? Welche Optionen haben Sie wirklich, die über das Können hinausgehen?

„Ich muss das noch erledigen."

Wer sagt das? Ist es wirklich ein „Müssen" – oder nur eine eigene Erwartung oder übernommene Pflicht?

Reaktion:

Der Satz kann Druck erzeugen – obwohl es vielleicht auch andere Möglichkeiten gäbe.

METAPHER

Stelle Dir vor, Du trägst einen Kompass, der Dir ständig sagt, **„Du musst nach Norden gehen"**, **„Du darfst nicht nach Süden schauen"**, oder **„Du solltest niemals stehen bleiben"**. Du folgst diesen Anweisungen blind, weil Du glaubst, dass der Kompass immer recht hat.

Eines Tages begegnest Du einem Wanderer, der fragt: **„Warum gehst du immer nur nach Norden? Was würde passieren, wenn du in eine andere Richtung gehst?"** Zuerst zögerst Du, aber dann probierst Du es aus. Du merkst, dass der Kompass gar keine echte Einschränkung ist – er ist nur ein Werkzeug, und Du entscheidest, wie Du ihn nutzt.

Plötzlich entdeckst Du neue Wege.

Modaloperatoren sind wie dieser Kompass: Sie scheinen uns zu lenken und einzuschränken, aber oft merken wir erst durch Fragen, dass wir viel mehr Freiheiten haben, als wir dachten.

Modaloperatoren sind sprachliche Muster, die im Meta-Modell der Sprache eine zentrale Rolle spielen, da sie tief verwurzelte Überzeugungen und Einschränkungen in der Denkweise eines Menschen offenbaren. Sie drücken aus, was jemand für möglich oder unmöglich hält (Modaloperatoren der Möglichkeit) oder was als notwendig oder verpflichtend angesehen wird (Modaloperatoren der Notwendigkeit).

Typische Beispiele sind:

„Ich kann das nicht." (Modaloperator der Möglichkeit – wer sagt das? Was hindert dich?)

„Ich muss immer perfekt sein." (Modaloperator der Notwendigkeit – warum? Wer bestimmt das?)

„Man darf nicht schwach sein." (Modaloperator der Möglichkeit – gibt es Ausnahmen?)

Diese Formulierungen schränken die Wahrnehmung und das Handeln des Patienten ein, da sie oft als absolute Wahrheiten empfunden werden. Dabei bleiben die eigentlichen Ursprünge dieser Überzeugungen meist unreflektiert, sodass sie unbewusst das Verhalten steuern.

Ein Heilpraktiker kann durch gezielte Fragen die starre Struktur dieser Aussagen hinterfragen, zum Beispiel:

„Was würde passieren, wenn du es doch kannst?"
„Wer sagt, dass du das musst?"
„Gibt es Situationen, in denen du es bereits anders gemacht hast?"

Diese Fragen helfen dem Patienten, mehr Flexibilität in seinem Denken zu entwickeln, Alternativen zu erkennen und hinderliche Glaubenssätze aufzulösen. Durch das bewusste Hinterfragen von Modaloperatoren können neue Möglichkeiten entstehen, die den Patienten dabei unterstützen, mehr Wahlfreiheit und Selbstbestimmung in seinem Leben zu gewinnen.

Patientenaussage: „Ich muss immer stark sein."

Mögliche Antwort ohne Meta-Modell: „Das klingt nach einem großen Druck, den Sie sich machen."

Antwort mit dem Meta-Modell: „„Wer sagt, dass Sie immer stark sein müssen? Was würde passieren, wenn Sie es nicht wären?""

Erklärung:
Hier liegt ein Modaloperator der Notwendigkeit („muss") vor. Der Patient glaubt, dass er keine andere Wahl hat, als stark zu sein, und stellt dies als unumstößliche Regel dar. Dies kann zu einem hohen inneren Druck führen, der die Wahrnehmung von Alternativen verhindert.

Antwort ohne Meta-Modell:

Die Aussage „Das klingt nach einem großen Druck, den Sie sich machen." zeigt zwar Mitgefühl, hinterfragt aber nicht die starre Verpflichtung, die in „Ich muss immer stark sein." steckt.

Antwort mit dem Meta-Modell:

Die Fragen „Wer sagt, dass Sie immer stark sein müssen?" und „Was würde passieren, wenn Sie es nicht wären?" helfen dem Patienten, die vermeintliche Pflicht zu hinterfragen. Dadurch kann er erkennen, dass es möglicherweise alternative Handlungsmöglichkeiten gibt und dass es nicht notwendig ist, sich ständig unter Druck zu setzen.

 **Patientenaussage:** „Ich darf keine Fehler machen."

Mögliche Antwort ohne Meta-Modell: „Perfektionismus kann sehr anstrengend sein."

Antwort mit dem Meta-Modell: „Was genau würde passieren, wenn Sie doch einen Fehler machen? Wer bestimmt diese Regel?"

Erklärung:
Hier liegt ein Modaloperator der Möglichkeit/Erlaubnis („darf nicht") vor. Der Patient setzt sich eine strenge Regel, die Fehler kategorisch ausschließt, ohne Alternativen oder mögliche Konsequenzen zu hinterfragen. Dies kann zu einem hohen Leistungsdruck und Angst vor Versagen führen.

Antwort ohne Meta-Modell:

Die Aussage „Perfektionismus kann sehr anstrengend sein." zeigt Verständnis, geht aber nicht darauf ein, ob die Regel tatsächlich notwendig oder veränderbar ist.

Antwort mit dem Meta-Modell:

Die Fragen „Was genau würde passieren, wenn Sie doch einen Fehler machen?" und „Wer bestimmt diese Regel?" fordern den Patienten auf, seine Überzeugung zu hinterfragen. Dadurch kann er erkennen, dass Fehler möglicherweise nicht so schlimm sind, wie er glaubt, und dass er sich selbst mehr Spielraum erlauben kann.

 **Patientenaussage:** „Ich kann nicht nein sagen.“

Mögliche Antwort ohne Meta-Modell: „Das kann wirklich herausfordernd sein.“

Antwort mit dem Meta-Modell: „Was hindert Sie daran, nein zu sagen? Gab es Situationen, in denen es Ihnen doch gelungen ist?“

Erklärung:
Hier liegt ein Modaloperator der Möglichkeit („kann nicht“) vor. Der Patient glaubt, dass es ihm unmöglich ist, nein zu sagen, und stellt dies als absolute Wahrheit dar. Dadurch nimmt er sich selbst die Wahlfreiheit und betrachtet sein Verhalten als unveränderbar.

Antwort ohne Meta-Modell:

Die Aussage „Das kann wirklich herausfordernd sein.“ zeigt Verständnis, geht aber nicht auf die zugrunde liegende Annahme ein, dass der Patient angeblich nie nein sagen kann.

Antwort mit dem Meta-Modell:

Die Fragen „Was hindert Sie daran, nein zu sagen?“ und „Gab es Situationen, in denen es Ihnen doch gelungen ist?“ helfen dem Patienten, seine Überzeugung zu hinterfragen. Dadurch erkennt er möglicherweise, dass er doch in bestimmten Situationen nein sagen kann und dass es sich um eine veränderbare Fähigkeit handelt.

224

Das Milton-Modell im Einsatz mit den Modaloperatoren

Modaloperatoren im Milton-Modell beziehen sich auf Wörter, die die Möglichkeit oder Notwendigkeit von Handlungen oder Zuständen ausdrücken. Sie können verwendet werden, um dem Patienten eine Vorstellung von dem zu geben, was möglich ist oder was er tun muss – aber sie lassen gleichzeitig Raum für Interpretation und Eigenverantwortung. Solche Modaloperatoren sind zum Beispiel: „kann", „muss", „darf", „sollte", „wird", „wird nicht", „konnte", „hatte die Möglichkeit".

Die Verwendung von Modaloperatoren kann dem Patienten entweder das Gefühl von Kontrolle und Freiheit geben oder ihn subtil zu einer bestimmten Handlung oder Entscheidung führen, ohne explizite Anweisungen zu geben.

Im Gespräch verwendet der Heilpraktiker Modaloperatoren wie kann, könnte, wirst, solltest, musst und wirst feststellen. Diese Modaloperatoren haben mehrere Funktionen:

Möglichkeit anbieten: Worte wie „kann", „könnte", „wirst feststellen" lassen dem Patienten die Freiheit, Optionen zu wählen und die Kontrolle über die Situation zu behalten. Sanfte Aufforderungen: Verben wie „solltest" bieten Empfehlungen, ohne sie zwingend erscheinen zu lassen. Zukunftsorientierung und Zuversicht: Der Einsatz von „wirst" lässt den Patienten auf zukünftige positive Entwicklungen hoffen und schafft eine Vision von Veränderung und Wachstum. Diese Modaloperatoren helfen dabei, dass der Patient sich sicher und im Vertrauen fühlt, dass er die Kontrolle über seinen Heilungsprozess hat, während er gleichzeitig ermutigt wird, bestimmte Schritte zu unternehmen oder Einstellungen zu ändern.

 **Patientenaussage:** "Ich habe das Gefühl, dass ich immer stark sein muss, egal was passiert."

Mögliche Antwort ohne Milton-Modell: "Es ist wichtig, sich selbst auch mal Schwäche zu erlauben. Niemand kann immer stark sein."

Antwort mit dem Milton-Modell: "Manchmal darf man sich einfach erlauben, loszulassen. Das kann erstaunlich befreiend sein."

Erklärung:
1. Modaloperatoren als Sprachmuster
Die ursprüngliche Aussage enthält den Modaloperator „muss", der eine innere Verpflichtung ausdrückt.

Modaloperatoren wie müssen, dürfen, können, sollen definieren eine innere Regel oder Einschränkung, die das Denken und Handeln begrenzt.

Die Milton-Modell-Antwort ersetzt „muss" durch das weichere „darf", wodurch die innere Zwanghaftigkeit aufgelöst wird.

2. Reframing durch neue Erlaubnisstrukturen

Statt „Sie müssen nicht immer stark sein" (was Widerstand erzeugen könnte), wird dem Patienten eine neue Erlaubnis gegeben:

„Manchmal darf man sich einfach erlauben, loszulassen" →
Dies öffnet einen neuen Rahmen, in dem Schwäche keine Be-
drohung ist, sondern eine Wahlmöglichkeit.

3. Vage Sprache & Suggestionen zur Vermeidung von Widerstand

„Manchmal darf man..." → Keine absolute Aussage, sondern
eine sanfte Möglichkeit.

„Das kann erstaunlich befreiend sein" → Das Wort „kann"
lässt offen, ob es wirklich so ist, wodurch sich der Patient die
Aussage eher selbst bestätigt.

4. Widerstandsvermeidung durch offene Formulierung

Die Antwort stellt keine direkte Anweisung dar, sondern eine
allgemeine Beobachtung, die sich leicht annehmen lässt.

Dadurch kann der Patient selbst erkennen, dass es okay ist,
auch mal loszulassen.

Alternative Kurzantworten mit dem Milton-Modell:

- „Manchmal darf man sich selbst die Erlaubnis geben, einfach
  zu sein."

- „Es ist spannend zu sehen, wie befreiend es sein kann, wenn
  man den Druck loslässt."

- „Viele entdecken, dass sie nicht immer stark sein müssen, um
  wirklich stark zu sein."

Diese Varianten lösen den Zwang des ursprünglichen „müssen" auf und eröffnen dem Patienten eine sanfte Möglichkeit,
sich in eine neue Richtung zu bewegen.

Patientenaussage: "Ich sollte mich mehr an-strengen, um Fortschritte zu machen."

Mögliche Antwort ohne Milton-Modell: "Ja, mit mehr An-strengung wird es Ihnen sicher leichter fallen, Fortschritte zu sehen."

Antwort mit dem Milton-Modell: "Manchmal kann es hilf-reich sein, sich selbst den Raum zu geben, dass Fortschritte ganz natürlich geschehen."

Erklärung:
1. Modaloperatoren als Sprachmuster
Die ursprüngliche Aussage enthält den Modaloperator „sollte", der eine Verpflichtung und einen Leistungsdruck ausdrückt.

Modaloperatoren wie müssen, sollen, dürfen, können setzen mentale Grenzen und erzeugen eine bestimmte Erwartungs-haltung.
Die Milton-Modell-Antwort ersetzt „sollte" durch „kann", wodurch die innere Verpflichtung in eine sanfte Möglichkeit umgewandelt wird.

2. Reframing durch alternative Denkweise
Statt zu sagen „Sie müssen sich nicht anstrengen" (was Wi-derstand auslösen könnte), wird die Aussage auf eine mühe-lose Entwicklung umgelenkt.
„Manchmal kann es hilfreich sein, sich selbst den Raum zu ge-ben" → Dies öffnet die Möglichkeit, dass Fortschritte auch ohne harte Anstrengung geschehen können.

„dass Fortschritte ganz natürlich geschehen" → Reframing: Fortschritt ist kein erzwungener Prozess, sondern ein natürlicher Ablauf.
3. Vage Sprache & Suggestionen zur Vermeidung von Widerstand

„Manchmal kann es hilfreich sein..." → Keine absolute Aussage, sondern eine Einladung zum Umdenken.
„ganz natürlich geschehen" → Eine sanfte Suggestion, die Entspannung in den Veränderungsprozess bringt.

4. Widerstandsvermeidung durch offene Formulierung
Die Antwort gibt keine feste Anweisung, sondern lässt den Patienten eine neue Möglichkeit selbst entdecken.
Dies reduziert den Druck, dass Fortschritt nur durch „mehr Anstrengung" möglich ist.

Alternative Kurzantworten mit dem Milton-Modell:

- „Viele entdecken, dass Fortschritte manchmal ganz von selbst passieren."

- „Manchmal kann es hilfreich sein, einfach den Prozess zuzulassen."

- „Es ist spannend zu sehen, wie Fortschritt oft dann entsteht, wenn man ihn nicht erzwingen will."

Diese Varianten lösen den Zwang des „sollte" auf und eröffnen dem Patienten eine sanfte Möglichkeit, Fortschritte mit weniger Druck zu erleben.

Patientenaussage: "Ich muss immer alles per-fekt machen, sonst bin ich unzufrieden."

Mögliche Antwort ohne Milton-Modell: "Perfektion ist nicht immer nötig. Es reicht oft, sein Bestes zu geben."

Antwort mit dem Milton-Modell: "Manchmal darf man sich selbst erlauben, dass gut auch gut genug ist. Das kann sehr befreiend sein."

Erklärung:
1. Modaloperatoren als Sprachmuster
Die ursprüngliche Aussage enthält den Modaloperator „muss", der eine innere Verpflichtung ausdrückt.

Modaloperatoren wie müssen, sollen, dürfen, können setzen mentale Regeln und beeinflussen, was jemand für möglich oder notwendig hält.
Die Milton-Modell-Antwort ersetzt „muss" durch „darf", wodurch die Verpflichtung in eine sanfte Erlaubnis umgewan-delt wird.

2. Reframing durch neue Erlaubnisstrukturen
Statt direkt zu sagen „Sie müssen nicht immer perfekt sein" (was Widerstand erzeugen könnte), wird eine neue Möglich-keit eingeführt.
„Manchmal darf man sich selbst erlauben" → Dies öffnet den Denkrahmen für eine neue innere Erlaubnis.
„dass gut auch gut genug ist" → Verändert den Maßstab von Perfektion hin zu einer akzeptierenden Haltung.

3. Vage Sprache & Suggestionen zur Vermeidung von Widerstand

„Manchmal" → Keine absolute Aussage, sondern eine Möglichkeit, die offen bleibt.
„Das kann sehr befreiend sein" → Die Aussage bleibt unbestimmt, sodass der Patient sie für sich selbst bestätigen kann.

4. Widerstandsvermeidung durch sanfte Formulierung
Anstatt die Perfektion direkt infrage zu stellen, wird die Möglichkeit angeboten, eine Alternative in Betracht zu ziehen. Dadurch kann der Patient selbst erkennen, dass Perfektion nicht immer notwendig ist.

Alternative Kurzantworten mit dem Milton-Modell:

-„Es kann erleichternd sein, sich selbst die Erlaubnis zu geben, Dinge einfach geschehen zu lassen."

-„Viele bemerken, dass das Gefühl von Zufriedenheit oft in den kleinen Dingen steckt."

-„Manchmal reicht es völlig aus, wenn etwas einfach gut funktioniert."

Diese Varianten lösen den Zwang des „muss" auf und eröffnen dem Patienten eine sanfte Möglichkeit, sich von Perfektionismus zu befreien.

Worte können informieren – doch Bilder transformieren.

Metaphern sind mehr als poetische Sprachfiguren. Sie sind eine tiefwirksame Form der Kommunikation, die das Unbewusste direkt anspricht. In der therapeutischen Arbeit kannst du eine Brücke zwischen bewusster Wahrnehmung und inneren Prozessen schlagen – besonders dann, wenn rationale Erklärungen oder klassische Gesprächstechniken an ihre Grenzen stoßen.

Gerade Heilpraktiker, die mit ganzheitlichen Methoden arbeiten, wissen: Der Körper spricht seine eigene Sprache. Ebenso tut es die Seele – und sie versteht Bilder oft besser als Worte. Die therapeutische Metapher nutzt genau diesen Zugang, um inneren Wandel sanft, aber wirkungsvoll zu ermöglichen.

Was ist eine therapeutische Metapher?

Eine therapeutische Metapher ist eine sprachlich erzeugte Bildwelt, die einen inneren Zustand, ein Symptom oder eine Veränderungsgeschichte symbolisch beschreibt. Sie spricht das Unbewusste des Patienten an und ermöglicht dort eine Umstrukturierung – ohne Widerstand, ohne Zwang, ohne direkte Konfrontation.

Als Beispiel: Statt direkt über das Thema „Loslassen" zu sprechen, erzählt der Heilpraktiker von einem Baum im Herbst, der seine Blätter abgibt, damit neue Kraft entstehen kann. Das Bild

wirkt nach – und der Patient erkennt intuitiv, was für ihn an-
steht.

Warum wirken Metaphern so stark?

Bilder sind universell verständlich. Sie umgehen intellektuelle Barrieren und erreichen tiefere Ebenen des Erlebens.

Sie aktivieren Ressourcen. Durch die Bildsprache können
Patienten Zugang zu inneren Stärken finden, die sie zuvor nicht
bewusst wahrgenommen haben.

Sie fördern Eigenprozesse. Da Metaphern mehrdeutig sind,
erzeugen sie individuelle Bedeutungen – der Patient entdeckt
eigene Lösungswege.

Sie entlasten den direkten Dialog. Besonders bei belasten-
den Themen helfen Metaphern, ohne direkten Druck in Bewegung zu kommen.

Die Metapher als sanfter Impulsgeber

In der Praxis zeigt sich immer wieder: Patienten erinnern sich
oft länger an ein Bild als an eine erklärende Aussage. Eine gut
gewählte Metapher kann zum inneren Leitsatz werden, der
durch die gesamte Behandlung begleitet. Sie kann Mut machen,
Perspektiven öffnen oder Heilimpulse auslösen – ganz ohne,
dass der Therapeut genau „weiß", was im Inneren konkret geschieht. Genau darin liegt ihre Magie.

Wann und wie kann ich Metaphern einsetzen?

Am Anfang des Gesprächs als Einstieg (z. B. eine kleine Geschichte zur Orientierung).

Während einer Behandlung zur Verdeutlichung innerer Prozesse. Als Abschlussimpuls, der den Patienten in den Alltag begleitet. In Kombination mit einer Körperbehandlung – als begleitende Suggestion.

Die therapeutische Metapher ist kein Ersatz für fachliche Kompetenz – sie ist eine wunderbare Ergänzung. Heilpraktiker, die sich trauen, mit Bildern zu arbeiten, erweitern ihr kommunikatives Repertoire enorm. Sie unterstützen damit nicht nur die seelische Heilung, sondern fördern auch eine tiefere Verbindung zwischen Therapeut und Patient.

Es lohnt sich, eigene Metaphern zu sammeln oder sogar individuelle Bilder für bestimmte Beschwerden zu entwickeln.

INFO

Eine Therapeutische Metapher besteht aus vier Merkmalen

- sie kommuniziert indirekt
- sie erzeugt keinen Widerstand
- sie führt zu einer transderivationalen Suche (unscharfe Übereinstimmung)

und sie muss drei Kriterien entsprechen

- sie muss dem Problem strukturell ähnlich sein
- sie muss eine Lösung haben
- sie muss ökologisch sein

was bedeutet, dass sie indirekt kommuniziert. Eine therapeutische Metapher spricht das Problem des Zuhörers nicht direkt an. Der Zuhörer merkt nicht, dass es um sein Problem geht, weil es in einem anderen Zusammenhang oder auf einer anderen Ebene dargestellt wird. Dadurch denkt der Zuhörer über sein Problem nach, ohne es direkt zu erkennen, und kann neue Einsichten gewinnen, die er dann auf sein eigenes Problem anwenden kann. Das ist der Grund, warum eine therapeutische Metapher keinen Widerstand hervorruft. Der Zuhörer kann sich entweder mit den dargestellten Ereignissen identifizieren oder nicht. Die Geschichte sollte so gestaltet sein, dass der Zuhörer ihr eine persönliche Bedeutung geben kann, aber das muss nicht zwingend der Fall sein. Selbst wenn der Zuhörer die Geschichte langweilig oder unangenehm findet, fühlt er sich nicht persönlich angegriffen. Wenn eine Geschichte erzählt wird, versucht der Zuhörer, ihr einen Sinn zu geben. Diesen Sinn kann er nur aus seinen eigenen Erfahrungen ziehen. Die Bedeutung der Geschichte entsteht also aus der eigenen Sinngebung des Zuhörers. Er nimmt aus der Geschichte das, was in seine Welt passt, und gibt dem eine eigene Bedeutung. Das ist der Vorteil einer lehrreichen Geschichte im Vergleich zu direkten Belehrungen, die oft ungern gehört werden. Therapeutische Geschichten konzentrieren sich auch auf Veränderungen. Der Erzähler legt seine Wahrnehmung, Entwicklung und Lösung der Zusammenhänge in die Geschichte, aber der Zuhörer entnimmt der Geschichte, was in seiner Welt zusammenpasst. Die Absicht von therapeutischen Metaphern ist es, den Zuhörer dazu zu bringen, den dargestellten Ereignissen basierend auf seinen eigenen Erfahrungen einen Sinn zu geben und die vorgeschlagene Lösung zu erwägen. Er kann diese Lösung annehmen, wenn sie für ihn passt, oder er kann nach einer eigenen Lösung suchen. Auf jeden Fall zeigt die Metapher, dass es eine Lösung gibt.

Damit eine Metapher wirkt, müssen drei Kriterien beachtet werden:

- Strukturelle Ähnlichkeit:
  Die Metapher muss dem Problem des Zuhörers ähneln. Das geschilderte Problem sollte den Grundzusammenhang des Zuhörers widerspiegeln.

- Lösung aufzeigen:
  Die Metapher muss eine Lösung enthalten und die Botschaft vermitteln, dass es immer eine Lösung gibt.
- Ökologische Verträglichkeit:
  Die Metapher sollte nützlich und harmlos sein. Sie darf keine gefährlichen oder falschen Einsichten enthalten.

Eine Metapher entwerfen

Folgende Schritte solltest Du beim Entwerfen einer Metapher berücksichtigen:

1. Informationen einholen

Was ist das Problem? Wer ist daran beteiligt und welche Rollen spielen sie? Wie verhält sich Person A und was möchte sie erreichen? Welche Interessen hat sie?

2. Problem bestimmten

Die wichtigsten Informationen herausfiltern, die das Problem beschreiben.

3. Ziel festlegen

Was will Person A erreichen? Wie soll ihr Verhalten aussehen? Wie fühlt sie sich dabei? Wie reagieren die anderen darauf?

4. Geeignete Inhaltsebene auswählen

Wähle eine Geschichte, die nicht nur interessant ist, sondern auch dem psychologischen Alter von Person A entspricht.

5. Problem und Ziel in der Geschichte spiegeln

Überlege, wie viele Elemente des Problems du in die Geschichte einbauen willst. Achtet darauf, nicht zu offensichtlich zu sein, damit der Patient deine Absicht nicht durchschaut und die Geschichte ablehnt. Was erreicht der Held? Wie verhält er sich? Wie fühlt er sich? Wie reagieren die anderen?

6. Weg zum Ziel entwerfen

Überlege dir Ressourcen, die auch Person A nutzen könnte. Wichtig ist, dass im Verlauf der Geschichte ein Gefühl entsteht, das Person A hilft, das Problem zu bewältigen.

7. Metapher schreiben und ökologisch überprüfen

Der Gärtner und der Baum des Lebens

Informationen einholen

Der Gärtner (Person A) ist verantwortlich für einen wunderschö-
nen Baum (der Mensch), der aber nicht mehr so kräftig wächst
wie früher. Der Baum hat verwelkte Blätter, schwache Äste und
Wurzeln, die nicht tief genug in die Erde reichen. Der Gärtner
möchte den Baum wieder in voller Pracht sehen, aber er weiß,
dass Gießen nicht ausreicht. Er erkennt, dass alle Teile des Baumes – die Wurzeln, der Stamm, die Äste und die Blätter – verbunden sind und gepflegt werden müssen.

Problem bestimmen

Der Gärtner hat den Fehler gemacht, sich nur auf die oberflächlichen Symptome (die Blätter) zu konzentrieren, anstatt den
Baum als Ganzes zu betrachten. Sein Ziel ist es, den Baum wieder in ein harmonisches Gleichgewicht zu bringen, aber er weiß
nicht genau, wie.

Ziel festlegen

Der Gärtner möchte, dass der Baum wieder gesund und stark
wird. Er wünscht sich, dass der Baum in seiner Gesamtheit
gedeiht – von den Wurzeln bis zu den Blättern. Der Gärtner
fühlt sich besorgt, weil der Baum nicht in seiner besten Form
ist, und er möchte eine ganzheitliche Lösung finden. Die anderen Gärtner (Umfeld) erkennen, dass die Methode des Gärtners
ungewöhnlich ist, sind aber neugierig auf die Ergebnisse.

Geeignete Inhaltsebene auswählen

Die Geschichte eines Gärtners, der sich um einen Baum kümmert, ist eine passende Metapher, weil sie leicht verständlich ist und die Verbindung zwischen Natur und menschlicher Gesundheit symbolisiert. Sie spricht sowohl Kinder als auch Erwachsene an, weil sie eine universelle Erfahrung nutzt: die Pflege der Natur.

Problem und Ziel in der Geschichte spiegeln

Der Baum ist wie der menschliche Körper – wenn ein Teil nicht gesund ist, leidet das Ganze. Der Gärtner erkennt, dass er den Baum als Ganzes betrachten muss, um ihn zu heilen. Anstatt sich nur auf die Blätter zu konzentrieren, beginnt er, den Boden um die Wurzeln zu verbessern, den Stamm zu stärken und dafür zu sorgen, dass der Baum insgesamt gesund ist. Der Held (der Gärtner) versteht, dass alles miteinander verbunden ist, und durch seine sorgfältige, ganzheitliche Arbeit wird der Baum wieder stark. Der Baum (der Mensch) fühlt sich nun voller Energie, und die anderen Gärtner (die Umgebung) sind beeindruckt von der Harmonie des Baumes.

Weg zum Ziel entwerfen

Der Gärtner verbessert die Erde, sorgt für mehr Sonne, achtet darauf, dass das Wasser tief in den Boden eindringt, und pflegt den gesamten Baum, statt nur die oberflächlichen Symptome zu behandeln. Diese Elemente sind Ressourcen, die auch für den Menschen wichtig sind: Ernährung, Bewegung, geistige Gesundheit und emotionale Balance. Der Gärtner sieht den Baum als Einheit und sorgt dafür, dass alle Aspekte des Baumes in Einklang kommen.

Metapher schreiben und ökologisch überprüfen

Der Gärtner lernte, dass der Baum nur dann wieder in voller Blüte stehen kann, wenn er als Ganzes betrachtet wird – von den tiefen Wurzeln, die fest in der Erde verankert sind, bis zu den zarten Blättern, die das Sonnenlicht einfangen. Mit Sorgfalt, Geduld und einem Blick für das Ganze konnte der Baum wieder seine natürliche Schönheit erlangen. So wie der Baum nicht nur in einem Teil geheilt werden kann, so muss auch der Mensch ganzheitlich betrachtet werden, um wahre Gesundheit zu erreichen. Erklärung der Metapher Diese Metapher beschreibt den Ansatz der Heilpraktiker, die den Menschen als ein ganzheitliches Wesen betrachten. So wie der Gärtner erkennt, dass es nicht reicht, nur die Blätter des Baumes zu pflegen, so wissen Heilpraktiker, dass sie den Menschen nicht nur auf seine Symptome reduzieren können. Sie müssen sowohl den Körper, den Geist als auch die Seele in Einklang bringen, um wahre Heilung zu erreichen. Der Baum symbolisiert den Menschen, und die verschiedenen Ebenen der Pflege stehen für die ganzheitliche Betrachtung, die Heilpraktiker anstreben.

Metapher: Der Gärtner und der Baum des Lebens

Es war einmal ein kleiner Baum, der in einem großen, grünen Garten stand. Der Baum war wunderschön, doch eines Tages begannen seine Blätter zu welken, und seine Äste hingen schlaff herunter. Der Baum fühlte sich schwach und wusste nicht, was mit ihm los war. Ein junger Gärtner kam vorbei und bemerkte den Baum. „Oh nein," sagte der Gärtner. „Die Blätter dieses Baumes sehen gar nicht gut aus."

Sofort holte der Gärtner seine Gießkanne und goss viel Wasser auf die welken Blätter. Doch die Blätter erholten sich nicht. Er versuchte es mit Dünger, doch auch das half nicht. Jeden Tag goss er den Baum, aber nichts schien zu funktionieren. Der Baum fühlte sich trauriger und schwächer, weil er wusste, dass nur die Blätter behandelt wurden, während er tief im Inneren, bei seinen Wurzeln, das eigentliche Problem spürte. Eines Morgens kam ein anderer Gärtner vorbei – ein weiser, älterer Gärtner, der schon viele Pflanzen in seinem Leben gepflegt hatte. Er sah den kleinen Baum und lächelte. „Der Baum ist nicht nur seine Blätter," sagte er leise, während er sich bückte, um die Erde um den Baum herum zu fühlen. „Warum gießen Sie die Blätter?" fragte der junge Gärtner. „Es sind doch die Blätter, die krank aussehen." Der weise Gärtner schüttelte den Kopf. „Die Blätter zeigen uns nur, dass etwas nicht stimmt. Aber der Baum ist viel mehr als seine Blätter. Seine Wurzeln reichen tief in die Erde, und wenn die Wurzeln nicht gesund sind, können die Blätter auch nicht stark sein." Der weise Gärtner begann, den Boden um die Wurzeln herum zu lockern. „Der Baum braucht mehr als Wasser – er braucht Nahrung für seine Wurzeln, Licht für seine Äste und eine liebevolle Pflege, die seinen gesamten Zustand berücksichtigt." Der junge Gärtner beobachtete aufmerksam, wie der alte Gärtner sich um die Wurzeln des Baumes kümmerte, den Boden düngte und dafür sorgte, dass der Baum genug Sonnenlicht erhielt. „Ich habe es immer nur auf die Symptome konzentriert," sagte der junge Gärtner nachdenklich, „aber der Baum ist so viel mehr als das, was ich auf den ersten Blick sehe." Mit der Zeit begann der Baum, sich zu erholen. Seine Blätter wurden wieder kräftiger, und seine Äste wuchsen in alle Richtungen. Doch das Wunderbare war, dass nicht nur die Blätter wieder lebendig wurden – der gesamte Baum blühte auf. Von seinen tiefen Wurzeln bis zu den höchsten Zweigen war er gesund und stark. Doch da geschah etwas Unerwartetes. Während der Baum in seiner neuen Pracht stand, entdeckte der junge Gärtner etwas, das er vorher nicht bemerkt hatte. In einem seiner unteren Äste wuchs plötzlich eine kleine, leuchtende Blüte – eine Blüte, die noch nie zuvor an diesem Baum erschienen war. „Was ist das?" fragte der junge Gärtner erstaunt. Der alte Gärtner lächelte weise. „Das ist die Belohnung für die ganzheitliche Pflege," sagte er sanft. „Wenn du den ganzen Baum behandelst, nicht nur seine Blätter, offenbart sich eine innere Schönheit, die du vorher nicht gesehen hast." Der junge Gärtner verstand nun, dass es nicht nur darum geht, die oberflächlichen Symptome zu behandeln, sondern den gesamten Baum – von den Wurzeln bis zur Spitze – zu pflegen. Der Baum war ein Abbild des Menschen, und genauso wie der Baum blühte der Mensch nur dann auf, wenn sein ganzes Wesen – Körper, Geist und Seele – in Harmonie gepflegt wurde.

Erklärung der Metapher:

Diese Geschichte veranschaulicht den Ansatz der Heilpraktiker, die den Menschen ganzheitlich betrachten. Der Baum symbolisiert den Menschen, und die welken Blätter stehen für die sichtbaren Symptome einer Krankheit. Der weise Gärtner erkennt, dass das Problem tiefer liegt – in den Wurzeln, die den ganzen Baum nähren. So wie der Baum nur gesund wird, wenn alle

Teile in Harmonie sind, so muss auch der Mensch in seiner Gesamtheit – körperlich, geistig und seelisch – betrachtet und behandelt werden. Die leuchtende Blüte am Ende ist die überraschende Belohnung, die uns zeigt, dass in uns eine verborgene Stärke und Schönheit liegt, wenn wir uns ganzheitlich um uns selbst kümmern.

Metapher: „Der kleine Wolf, der mutig durch den Rosengarten lief"

Es war einmal ein kleiner Wolf, der zusammen mit seinem besten Freund, einem kleinen Löwen, in einem schönen Tal lebte. Eines Tages entdeckten sie am Rand des Tals einen magischen Rosengarten. Auf der anderen Seite des Gartens konnte man die süßesten Früchte und einen friedlichen, ruhigen See sehen. Der Weg durch den Garten schien jedoch schwierig, denn die Rosen waren voller Dornen, und der kleine Wolf und der kleine Löwe hatten beide große Angst davor, gestochen zu werden.

„Ich möchte wirklich diese süßen Früchte kosten und den See sehen," sagte der kleine Wolf, „aber ich habe solche Angst vor den Dornen." „Ich auch," stimmte der kleine Löwe zu und schaute nervös auf die langen, stacheligen Zweige der Rosen. Doch nach einer Weile entschloss sich der kleine Wolf, mutig zu sein. „Ich werde es wagen," sagte er mit zitternder Stimme. „Vielleicht sind die Dornen gar nicht so schlimm, wie wir denken." Der kleine Löwe blieb zögernd zurück. „Ich weiß nicht... Was, wenn es weh tut?" Trotz seiner Angst machte der kleine Wolf den ersten Schritt in den Rosengarten. Er spürte, wie die Dornen leicht an seinem Fell kratzten, doch der Schmerz war nur ein kleines Pieken – weit weniger schlimm als die große

Angst, die er vorher gespürt hatte. Mit jedem Schritt fühlte er sich mutiger, bis er schließlich den See und die Früchte erreichte. Der Anblick war noch viel schöner, als er es sich vorgestellt hatte. Doch als er sich umsah, bemerkte er, dass der kleine Löwe nicht da war. Er war immer noch auf der anderen Seite des Gartens geblieben und sah sehr traurig aus. Der kleine Wolf kehrte sofort um, ging wieder durch die Rosen und lief zurück zu seinem Freund. „Komm mit mir," sagte der kleine Wolf sanft. „Die Dornen tun nur ganz kurz weh, und danach wartet etwas Wundervolles auf dich – der friedliche See und die süßesten Früchte." Der kleine Löwe schüttelte den Kopf. „Aber... was, wenn es wirklich wehtut?" Seine Augen füllten sich mit Tränen, weil er seine Angst nicht überwinden konnte und sich so von seinem Freund getrennt fühlte. Da flüsterte der kleine Wolf ihm etwas ins Ohr: „Die Angst ist immer größer als der kleine Pieks der Dornen. Vertrau mir, ich habe es geschafft, und ich weiß, dass du es auch kannst." Der kleine Löwe zögerte noch immer, doch dann passierte etwas Unerwartetes. Als er tief Luft holte, sah er plötzlich, dass der kleine Wolf eine winzige, funkelnde Feder in seinem Fell hatte, die er zuvor gar nicht bemerkt hatte. Die Feder schimmerte im Sonnenlicht und schien magische Kräfte zu haben. „Was ist das?" fragte der Löwe erstaunt. „Das ist meine Belohnung," sagte der kleine Wolf und lächelte. „Eine Überraschung, die ich nur bekommen habe, weil ich den Mut hatte, durch die Dornen zu gehen. Wenn du es schaffst, wird die Feder auch bei dir erscheinen. Sie ist ein Symbol für den Mut, den wir in uns tragen."

Diese Worte gaben dem kleinen Löwen neue Hoffnung. Er schaute ein letztes Mal auf die Dornen, atmete tief ein, und mit dem Bild der glänzenden Feder im Kopf machte er den ersten Schritt in den Rosengarten. Die Dornen pieksten, aber es war wirklich nicht so schlimm wie er es sich vorgestellt hatte. Schritt für Schritt wurde er mutiger, bis er endlich bei den süßen Früchten und dem See ankam – und dort, in seinem Fell, leuchtete nun auch eine funkelnde, kleine Feder.

Erklärung der Metapher:

Diese Geschichte zeigt, dass die Angst vor Spritzen – wie die Dornen der Rosen– oft viel schlimmer ist als der eigentliche Schmerz. Der kleine Wolf überwindet seine Angst und entdeckt, dass das Gefühl der Belohnung und des Stolzes viel größer ist als die Angst selbst. Der kleine Löwe, der erst zurückbleibt, erfährt durch die Rückkehr seines Freundes die Wahrheit: Der Mut wird belohnt, und die Angst ist letztlich nur ein kleiner Teil der Erfahrung. Die Überraschung in der Geschichte – die glänzende Feder – steht für die unerwartete Belohnung des eigenen Mutes, etwas, das der Leser vielleicht nicht erwartet hat. Sie symbolisiert, dass es neben der Überwindung der Angst auch eine innere Transformation gibt, die uns stärker und selbstbewusster macht.

Die Bedeutung der Farbtypen nach Carl Gustav Jung in der Heilpraxis

In der Psychologie und im Bereich der Persönlichkeitsanalyse hat Carl Gustav Jung eine wegweisende Rolle gespielt. Seine Theorien über Archetypen und die tiefenpsychologische Struktur des Menschen haben nicht nur die moderne Psychologie beeinflusst, sondern auch vielfältige Anwendung in der therapeutischen Praxis gefunden. Besonders seine Einteilung von Persönlichkeiten in verschiedene Farbtypen – wie Rot, Blau, Gelb und Grün – bietet wertvolle Einblicke in menschliches Verhalten und die inneren Antriebskräfte. Ursprung und Historie der Farbtypen Jung entwickelte seine Theorien im frühen 20. Jahrhundert und stützte sich dabei auf die Erkenntnis, dass sich die Psyche des Menschen in archetypischen Mustern ausdrückt. Diese archetypischen Muster spiegeln sich in der Persönlichkeit wider und können durch Symbole, Mythen, aber auch durch Farben beschrieben werden. Farben sind mächtige Symbole, die Emotionen, Verhaltensmuster und tief verwurzelte psychologische Tendenzen widerspiegeln. Die Idee der Farbtypen basiert auf der Annahme, dass jeder Mensch eine Grundtendenz in seiner Persönlichkeit hat, die durch eine bestimmte Farbe symbolisiert werden kann. Rot steht für Durchsetzungskraft und Dominanz, Blau für Tiefe und Ruhe, Gelb für Kreativität und Optimismus, Grün für Beständigkeit und Geduld. Diese Farben sind nicht zufällig gewählt, sondern spiegeln jahrhundertealte symbolische Bedeutungen wider, die in vielen Kulturen verankert sind. Warum ist das wichtig für einen Heilpraktiker? Ein Heilpraktiker arbeitet ganzheitlich, was bedeutet, dass er den Menschen in seiner Gesamtheit wahrnimmt – körperlich, emotional und psychisch. Die Kenntnis der Farbtypen nach Jung ist ein wertvolles Werkzeug, um den Patienten besser zu verstehen. Jede Farbe offenbart bestimmte Persönlichkeitsmerkmale, die Hinweise auf den Umgang mit Stress, Konflikten, gesundheitlichen Problemen und zwischenmenschlichen Beziehungen geben.

Die Fähigkeit, die Farbtypen eines Patienten zu erkennen, ermöglicht es dem Heilpraktiker, gezielt auf dessen Bedürfnisse einzugehen. Patienten mit einem „roten" Persönlichkeitstyp könnten eher an Leistungsdruck und körperlichem Stress leiden, während „grüne" Patienten tiefergehende emotionale Unterstützung und eine ruhige, geduldige Therapie benötigen. Ein „gelber" Typ könnte kreative Ansätze und eine abwechslungsreiche Behandlung bevorzugen, während der „blaue" Typ Stabilität und klare Strukturen schätzt. Der Nutzen für die Praxis? Indem du die Farbtypen in deiner Heilpraxis integrierst, erweiterst du dein Repertoire an Diagnosetechniken und eröffnest dir die Möglichkeit, individuellere und präzisere Behandlungspläne zu entwickeln. Das Verständnis der Persönlichkeit deines Patienten hilft nicht nur dabei, die richtige Behandlung zu wählen, sondern auch die Kommunikation zu verbessern und Vertrauen aufzubauen. Dieses Kapitel wird dir helfen, die Farbtypen nach Carl Gustav Jung zu verstehen, sie zu erkennen und gezielt in der täglichen Praxis anzuwenden. Du wirst lernen, welche Verhaltensweisen, Körpersprachen und sprachlichen Hinweise auf bestimmte Farbtypen hindeuten und wie du ihre Therapieansätze entsprechend anpassen kannst. Das Wissen um diese Typen wird dir helfen, deine Patienten ganzheitlicher zu sehen und ihnen individuellere Wege zur Heilung aufzuzeigen. Kürzlich kam in einer Arbeitsgruppe die Idee auf, dies für

Heilpraktiker mit Pflanzen zu verbinden. Tatsächlich lassen sich diesen Typen auch Pflanzen zuordnen. Diese Einordnung möchte ich dir nicht vorenthalten, deshalb ist sie hier gleich mit dabei.

Viel Erfolg auf deiner Reise, die Welt der Farben und Pflanzen in der menschlichen Psyche zu entdecken und sie zu einem integralen Bestandteil deiner heilpraktischen Arbeit zu machen!

Der rote Patient (Rosmarin)

Verhalten:

Selbstbewusstes Auftreten: Der Patient tritt sehr sicher und dominant auf, wirkt dabei oft wie eine Führungspersönlichkeit.

Zielstrebigkeit und Konsequenz: Sie neigen dazu, klare Ziele zu haben und verfolgen diese konsequent. Das kann sich in ihrer Sprache ausdrücken, z. B. durch klare und entschlossene Aussagen.

Kritisches Denken: Sie hinterfragen vieles und sind oft skeptisch gegenüber allgemeinen Meinungen oder neuen Informationen.

Unabhängigkeit: Diese Menschen handeln oft allein und bevorzugen es, Entscheidungen ohne lange Diskussionen zu treffen.

Distanzierungsfähigkeit: Sie wirken oft gefühlsmäßig distanziert und legen nicht viel Wert auf emotionale Bindungen.

Zugehörige Pflanze: Rosmarin

Eigenschaften: Anregend, energetisch, stärkt den Kreislauf.

Persönlichkeitsstil: Dynamisch, zielorientiert, durchsetzungsstark.

Symbolik: Rosmarin steht für Tatkraft und klare Entscheidungen – ideal für Menschen, die handeln und führen.

Kommunikationsstil

- Sprachebene: Direkt, fordernd, effizient
- Tonfall: Klar, kraftvoll, kaum Ausschmückungen
- Gesprächsverlauf: Will Ergebnisse, kein Smalltalk – „Worum geht's? Was ist das Ziel?"
- Typisches Verhalten im Gespräch: Unterbricht, bringt Gespräche auf den Punkt, stellt provozierende Fragen
- Auffällig: Verwendet oft Befehls- oder Imperativsätze („Tun Sie das." / „Machen Sie mir einen Vorschlag.")
- Geduld: Gering – bei langatmigen oder emotionalen Ausführungen   schnell   ungeduldig

Kommunikationstipps:

- Sei direkt und ergebnisorientiert: „Wir können dieses Problem effektiv mit XYZ behandeln."
- Stelle den Nutzen der Behandlung klar dar: „Das wird Ihnen helfen, wieder Ihre volle Energie zu bekommen."
- Vermeide lange Erklärungen, fokussiere dich auf Lösungen.
- Bleibe selbstbewusst, da sie Kompetenz schätzen.

Meta-Modell-Fragen:

Generalisierungen: „Immer habe ich das Gefühl, nicht genug Energie zu haben."

Frage: „In welchen Situationen genau merken Sie das besonders?"

Unspezifische Verben: „Es funktioniert einfach nicht."

Frage: „Was genau funktioniert nicht?"

Tilgungen: „Ich will das Problem loswerden."
Frage: „Welches Problem genau möchten Sie loswerden?"

Aussage Patient:
„Ich will endlich wieder fit werden, diese Müdigkeit muss weg."

Tilgung klären: „Was genau meinen Sie mit ‚fit werden'? Welche Veränderungen wünschen Sie sich konkret?"

Generalisierung hinterfragen: „Gibt es bestimmte Tageszeiten oder Situationen, in denen die Müdigkeit besonders stark ist?"

Lösungsorientierte Unterstützung: „Wir können mit XYZ beginnen, das wirkt schnell und stärkt Ihren Energiehaushalt."

Wirkung: Rosmarin-Patienten fühlen sich durch diese klare, zielgerichtete Sprache verstanden und gut betreut.

Körpersprache:

Fester Händedruck: Sie drücken sich meist durch einen kräftigen, bestimmten Händedruck aus, der Entschlossenheit und Selbstsicherheit vermittelt.
Aufrechte Körperhaltung: Eine aufrechte, stabile Körperhaltung zeigt Selbstvertrauen. Diese Personen wirken oft kontrolliert und bedacht in ihren Bewegungen.

Wenig offene Gesten: Sie zeigen in Gesprächen vielleicht nicht viel emotionale Offenheit oder Wärme, sondern bleiben ruhig und neutral.

Gesagtes:

Kurze und klare Aussagen: Sie sprechen in klaren, direkten Sätzen, vermeiden lange Erklärungen oder Unsicherheiten. „Ich weiß, was ich will" könnte ein typischer Satz sein.

Entscheidungsfreude: Sie sprechen oft über Entscheidungen, die sie getroffen haben oder noch treffen müssen. Auch über ihre Ziele sprechen sie klar und ohne zu zögern.

Kritische Aussagen: Oft hinterfragen sie Ansichten oder Regeln anderer, was sich in einer kritischen oder analytischen Gesprächsweisen äußern kann.

Kleidung:

Funktional und schlicht: Rote Typen bevorzugen möglicherweise einfache, zweckmäßige Kleidung, die zeigt, dass sie pragmatisch und auf Funktionalität bedacht sind.

Klare Linien und wenige auffällige Accessoires:

Sie könnten klare Linien bevorzugen, ohne Schnickschnack oder verspielte Details.

Scharfe Kontraste oder kräftige Farben:
Kleidung könnte auch starke Kontraste zeigen, die ihre entschlossene Persönlichkeit widerspiegeln.

Ergänzende Hinweise

Der Raum, den sie einnehmen:
Rote Typen nehmen oft unbewusst mehr Raum für sich
ein – sei es durch ihre Körpersprache, ihre Lautstärke oder ihre
Art, im Raum zu stehen.

Widerstand gegen Hilfe: Sie könnten skeptisch gegenüber
Beratung oder Hilfe sein, besonders wenn diese nicht auf logischen Fakten basiert

Unabhängigkeit in Entscheidungen:
Auch im therapeutischen Kontext könnten sie schnell eigene
Lösungen vorschlagen oder Anweisungen nicht ohne Weiteres
annehmen, wenn sie diese für unlogisch halten.

Es wäre hilfreich, wenn der Heilpraktiker diese Charakterzüge
als Teil eines umfassenden Bildes sieht und sich auf eine gezielte, klare Kommunikation einstellt, bei der Logik und Autonomie des Patienten im Vordergrund stehen.

Der blaue Patient (Salbei)

Verhalten:

Ruhige Ausstrahlung: Der blaue Typ ist oft ruhig, bedacht und zeigt eine gelassene und ausgeglichene Haltung. Sie vermeiden impulsive oder spontane Handlungen.

Nachdenklichkeit: Diese Patienten wirken tiefgründig und reflektieren viel. Sie könnten sich Zeit nehmen, bevor sie auf Fragen antworten, um sicherzustellen, dass ihre Worte gut durchdacht sind.

Harmoniestreben: Blaue Typen sind auf Ausgleich und Harmonie bedacht. Sie meiden Konflikte und suchen nach Lösungen, die alle Beteiligten zufriedenstellen.

Pragmatischer Ansatz: Diese Menschen sind praktisch und bodenständig. Sie bevorzugen konkrete Lösungen und gehen strukturiert vor, ohne sich von Emotionen oder Impulsen leiten zu lassen.

Treue und Verlässlichkeit: Blaue Typen sind zuverlässig und legen großen Wert auf Loyalität. In Beziehungen und bei Verpflichtungen kann man sich auf sie verlassen.

Zugehörige Pflanze: Salbei

Eigenschaften: Klärend, antiseptisch, hilft bei Struktur und Ordnung.

Persönlichkeitsstil: Analytisch, strukturiert, bedacht.

Symbolik: Salbei bringt Klarheit und Präzision – genau wie Menschen, die mit Ruhe und Logik arbeiten.

Kommunikationsstil

- Tonfall: Ruhig, analytisch, kontrolliert
- Gesprächsverlauf: Braucht Fakten, Hintergründe, logische Reihenfolgen – liebt klare Gliederung
- Typisches Verhalten im Gespräch: Stellt Rückfragen zur Absicherung, prüft Inhalte auf Richtigkeit
- Auffällig: Achtet auf exakte Wortwahl („Was genau meinen Sie damit?" / „Könnten Sie das konkretisieren?")
- Geduld: Hoch – solange Inhalte Substanz haben; bei oberflächlichem Geplauder eher distanziert

Kommunikationstipps:

- Gib klare und präzise Informationen: „Die Behandlung wirkt auf diese Weise, weil..."
- Erkläre den Ablauf Schritt für Schritt: „Wir beginnen mit..., danach folgt..."

- Biete wissenschaftliche Hintergründe an, wenn sie interessiert sind.
- Vermeide übertrieben emotionale Sprache – sie bevorzugen sachliche Gespräche.

Meta-Modell-Fragen:

Generalisierungen: „Immer wenn ich müde bin, geht gar nichts mehr."
Frage: „Was bedeutet ‚gar nichts' in diesem Fall?"

Nominalisierungen: „Ich brauche eine klare Struktur."
Frage: „Wie könnte eine Struktur für Sie aussehen?"

Kaum überprüfbare Aussagen: „Das ist einfach nicht logisch."
Frage: „Was genau erscheint Ihnen daran nicht logisch?"

Aussage Patient:
„Ich habe das Gefühl, dass etwas mit meinem Stoffwechsel nicht stimmt, aber ich finde keine klare Erklärung."

Unspezifisches Verb klären: „Was meinen Sie genau mit ‚nicht stimmt'? Welche Symptome beobachten Sie?"

Generalisierung hinterfragen: „Gab es Phasen, in denen Ihr Stoffwechsel aus Ihrer Sicht besser funktioniert hat?"

Schrittweise Erklärung: „Wir können XYZ testen, um genau herauszufinden, wie Ihr Stoffwechsel arbeitet. Daraus entwickeln wir dann einen individuellen Plan."

Wirkung: Salbei-Patienten schätzen die sachliche und gut strukturierte Kommunikation.

Körpersprache:

Sanfter Händedruck: Der Händedruck eines blauen Typen ist eher sanft und einladend, vermittelt aber zugleich Beständigkeit. Er drückt nicht Dominanz, sondern eher Offenheit aus.

Entspannte Körperhaltung: Sie könnten eine entspannte und weiche Körperhaltung einnehmen, die zeigt, dass sie sich ihrer Umgebung anpassen und nicht dominieren wollen.

Offene, beruhigende Gesten: Ihre Gesten sind eher ruhig, zurückhaltend und manchmal vorsichtig. Sie könnten häufiger offene Hände zeigen, was für Dialogbereitschaft und Empfänglichkeit spricht.

Gesagtes:

Reflektierte Aussagen: Blaue Typen sprechen oft über innere Prozesse und Überlegungen. Sie legen Wert auf tiefergehende Diskussionen und könnten Fragen stellen, die emotionale oder philosophische Tiefe zeigen.

Harmonie und Verständnis: Sie betonen oft den Wert von zwischenmenschlichem Verständnis und der Wichtigkeit, in Übereinstimmung mit sich und anderen zu sein. Aussagen wie „Es ist mir wichtig, dass wir uns gut verstehen" sind typisch.

Kompromissbereitschaft: In Gesprächen könnten sie Lösungen suchen, die niemanden benachteiligen, und auf Kompromissfähigkeit hinweisen.

Kleidung:
Schlichte und ruhige Farben: Blaue Typen könnten Kleidung in gedeckten, beruhigenden Farben bevorzugen –Pastell- oder Blautöne, die nicht zu auffällig sind.

Gut abgestimmt, aber nicht extravagant:
Ihre Kleidung ist oft gut aufeinander abgestimmt, wirkt aber unaufdringlich und eher klassisch als modisch. Sie könnten auf überflüssige Accessoires verzichten und stattdessen Funktionalität mit Eleganz verbinden.

Gemütlichkeit und Struktur: Sie könnten Kleidung wählen, die Komfort vermittelt, aber dennoch strukturiert und ordentlich aussieht, um ihre Liebe zur Ordnung und Stabilität widerzuspiegeln.

Sanfte, tiefe Stimme: Diese Menschen habenvielleicht eine beruhigende, gleichmäßige Art zusprechen, die auf andere stabilisierend wirkt.

Zeit für Reflexion: Blaue Typen benötigen oft Zeit, um sich zu öffnen, und könnten besonders gut auf eine ruhige, respektvolle und geduldige Gesprächsatmosphäre reagieren.

Bedürfnis nach Rückzug: Sie könnten sich in stressigen Situationen zurückziehen, um sich selbst zu beruhigen und in Balance zu bleiben. In einem therapeutischen Kontext wäre es wichtig, ihnen Raum für diese Ruhephasen zu geben.

Intellektuelle Neugier: Blaue Typen sind häufig an intellektuellen oder spirituellen Themen interessiert und könnten gerne tiefere Fragen stellen, die das Leben, die Menschlichkeit oder die Moral betreffen.

Der gelbe Patient (Johanniskraut)

Verhalten:

Optimismus und Enthusiasmus: Gelbe Typen strahlen oft Lebensfreude und Begeisterung aus. Sie gehen optimistisch an Herausforderungen heran und haben meist eine positive Einstellung.

Geselligkeit und Kontaktfreude: Sie sind sehr kommunikativ und suchen den Austausch mit anderen. Oft fühlen sie sich in Gesellschaft anderer Menschen wohl und genießen es, im Mittelpunkt zu stehen.

Kreativität: Der gelbe Typ liebt es, neue Ideen zu entwickeln und sich in kreativen Projekten zu entfalten. Sie neigen dazu, unkonventionell und spontan zu sein.

Unbeschwertheit: Sie wirken oft unbeschwert, manchmal fast leichtsinnig. Diese Menschen wollen sich nicht unnötig mit Problemen belasten und könnten dazu neigen, Verantwortung zu delegieren oder zu vermeiden.

Offenheit und Neugier: Gelbe Typen sind neugierig und stets offen für neue Erfahrungen und Begegnungen. Sie lieben es, Neues zu entdecken und sich weiterzuentwickeln.

Zugehörige Pflanze: Johanniskraut

Eigenschaften:
Aufhellend, stimmungsfördernd bringt Licht ins Dunkel.
Persönlichkeitsstil: Optimistisch, kommunikativ, kreativ.

Symbolik: Johanniskraut bringt Wärme und Licht, genau wie Menschen, die andere inspirieren und Freude verbreiten.

Kommunikationsstil

- Sprachebene: Bildhaft, emotional, begeisternd
- Tonfall: Lebhaft, dynamisch, freundlich
- Gesprächsverlauf: Springt gern zwischen Themen, braucht kreative Entfaltung
- Typisches Verhalten im Gespräch: Erzählt Anekdoten, bringt eigene Geschichten ein, sucht Gemeinsamkeiten
- Auffällig: Verwendet bildhafte Ausdrücke („Das fühlt sich leicht an, wie ein Aufatmen!" / „Das bringt Farbe ins Leben!")
- Geduld: Mittel – solange das Gespräch Spaß macht oder inspiriert; bei zu viel Struktur verliert er Interesse

Kommunikationstipps:

- Schaffe eine warme und positive Atmosphäre: „Schön, dass Sie hier sind – wir machen das gemeinsam!"
- Betone die ganzheitliche Wirkung: „Diese Behandlung unterstützt nicht nur Ihre Gesundheit, sondern auch Ihr Wohlbefinden."
- Nutze bildhafte Sprache und Metaphern, um sie zu begeistern.
- Gib Raum für Austausch, denn sie lieben Gespräche.

Meta-Modell-Fragen:

Generalisierungen: „Ich komme immer wieder ins Grübeln."
Frage: „Was genau löst das Grübeln bei Ihnen aus?"

Nominalisierungen: „Ich brauche mehr Balance."
Frage: „Wie würden Sie merken, dass Sie die Balance gefunden haben?"

Unklare Referenzen: „Es fühlt sich manchmal einfach schlecht an."
Frage: „Was genau fühlt sich schlecht an?"

Aussage Patient:

„Ich fühle mich oft irgendwie blockiert, als ob etwas meine Lebensfreude bremst."

Unspezifisches Verb klären: „Was meinen Sie genau mit ‚blockiert'? Gibt es bestimmte Momente, in denen Sie das spüren?"

Nominalisierung konkretisieren: „Wie würden Sie merken, dass Ihre Lebensfreude wieder da ist?"

Positiver Ausblick: „Mit XYZ können wir Ihre Energie harmonisieren und Sie fühlen sich wieder freier und unbeschwerter."

Wirkung: Johanniskraut-Patienten schätzen diese inspirierende und optimistische Herangehensweise.

Körpersprache:

Energetischer Händedruck: Der Händedruck eines gelben Typs könnte lebendig und energetisch sein, dabei oft nicht zu fest, aber auch nicht zu schwach. Er vermittelt Lebensfreude und Offenheit.

Aktive Gestik: Sie neigen zu aktiver, lebhafter Körpersprache. Die Hände sind ständig in Bewegung, um das Gesagte zu unterstreichen. Ihre Gesten sind oft großzügig und offen.

Dynamische Körperhaltung: Sie könnten eine aufrechte, fast tänzerische Körperhaltung haben, die ihre lebhafte und enthusiastische Art widerspiegelt.

Gesagtes:

Positive und inspirierende Aussagen: Gelbe Typen sprechen oft über ihre Begeisterung für Projekte, Menschen oder Ideen.

Typische Aussagen könnten sein: „Ich freue mich so auf das, was kommt!" oder „Das wird großartig!"

Ideenreichtum: Sie teilen oft viele Ideen und Pläne mit. Ihre Sprache könnte schnell und sprunghaft sein, weil sie zwischen verschiedenen Themen wechseln und immer wieder neue Ideen einbringen.

Humor und Leichtigkeit: Oft streuen sie humorvolle Bemerkungen ein und versuchen, die Stimmung aufzulockern. Sie könnten das Gespräch in eine positive Richtung lenken, selbst bei ernsten Themen.

Kleidung:

Farbenfrohe Kleidung: Gelbe Typen lieben oft helle, fröhliche Farben, darunter Gelb, Orange oder andere auffällige Töne. Ihre Kleidung spiegelt häufig ihre positive und offene Persönlichkeit wider.

Unkonventioneller Stil: Sie könnten einen individuellen, kreativen Stil pflegen, der sie von der Masse abhebt. Oft ist ihre

Kleidung Ausdruck ihrer Persönlichkeit und ihrer Lebenseinstellung.

Leicht und locker: Die Kleidung könnte eher bequem und leger sein, nicht zu streng oder förmlich, da sie Wert auf Bewegungsfreiheit und Unbeschwertheit legen.

Ergänzende Hinweise

Leidenschaft für Gespräche: Gelbe Typen lieben es zu plaudern und könnten in der Therapie viel sprechen. Es ist wichtig, ihnen Raum zu geben, sich auszudrücken, aber auch Struktur zu bieten, damit sie nicht zu stark vom Thema abweichen.

Unruhe und Ablenkung: Sie könnten in Gesprächen unruhig wirken oder schnell das Interesse verlieren, wenn das Thema sie nicht fasziniert. Visuelle oder kreative Methoden könnten helfen, ihre Aufmerksamkeit zu halten.

Suche nach Anerkennung: Gelbe Typen lieben es, Anerkennung und Lob zu erhalten. Sie reagieren gut auf positive Verstärkung und Anerkennung ihrer Ideen und Bemühungen.

Spontaneität: Diese Patienten könnten sich auch spontan für neue Therapieansätze oder ungewöhnliche Methoden begeistern, was dem Heilpraktiker Flexibilität abverlangt.

Der grüne Patient (Kamille)

Verhalten

Ausgeglichenheit und Stabilität: Grüne Typen streben nach innerer und äußerer Stabilität. Sie wirken oft ruhig, geerdet und ausgeglichen, suchen Beständigkeit in ihrem Leben und in Beziehungen.

Geduld und Rücksicht: Sie zeigen viel Geduld und sind rücksichtsvoll im Umgang mit anderen. Sie bevorzugen es, anderen zuzuhören, und neigen dazu, Harmonie zu wahren.

Naturverbundenheit: Sie könnten eine starke Verbindung zur Natur haben und sich von natürlichen Umgebungen angezogen fühlen, was sich auch in ihrer Lebensweise widerspiegeln könnte.

Empathie: Sie sind sensibel für die Emotionen und Bedürfnisse anderer und zeigen oft ein großes Maß an Mitgefühl und Verständnis.

Vertrauensvoll und loyal: Grüne Typen suchen nach Stabilität und Vertrauen in Beziehungen, sei es in Freundschaften, am Arbeitsplatz oder in der Therapie.

Zugehörige Pflanze: Kamille

Eigenschaften: Beruhigend, harmonisierend, lindert Spannungen.

Persönlichkeitsstil: Einfühlsam, harmonisch, fürsorglich.

Symbolik: Kamille sorgt für Balance und Frieden – perfekt für Menschen, die Harmonie schaffen und andere unterstützen.

Kommunikationsstil

- Sprachebene: Warm, beziehungsorientiert, empathisch
- Tonfall: Sanft, beruhigend, eher leise
- Gesprächsverlauf: Braucht Vertrauen, beginnt gerne mit einem persönlichen Einstieg
- Typisches Verhalten im Gespräch: Fragt nach dem „Wie geht's Ihnen wirklich?", hört aufmerksam zu, vermeidet Konfrontation
- Auffällig: Nutzt oft Wir-Botschaften („Wir schauen da gemeinsam drauf." / „Wie können wir das gut für Sie gestalten?")
- Geduld: Sehr hoch – reagiert sensibel auf Druck oder hektische Kommunikation

Kommunikationstipps:

- Sei empathisch und unterstützend: „Ich verstehe, dass Sie sich Sorgen machen – wir finden eine Lösung."
- Nimm dir Zeit, ihre Geschichte anzuhören, ohne sie zu unterbrechen.
- Betone Sicherheit und Sanftheit der Behandlung: „Das ist eine schonende Methode, die gut zu Ihnen passt."
- Sei geduldig und vermeide Druck.

Meta-Modell-Fragen:

Unspezifische Verben: „Ich fühle mich ausgelaugt."
Frage: „Was genau führt dazu, dass Sie sich so fühlen?"

Verzerrungen: „Es wird bestimmt noch schlimmer."
Frage: „Was lässt Sie glauben, dass es schlimmer wird?"

Universalquantoren: „Niemand versteht wirklich, wie ich mich fühle."
Frage: „Gab es schon einmal jemanden, der Verständnis gezeigt hat?"

Aussage Patient:
„Ich habe das Gefühl, dass mein Körper völlig aus dem Gleichgewicht geraten ist."

Nominalisierung hinterfragen: „Was bedeutet für Sie ‚aus dem Gleichgewicht geraten'? Wie zeigt sich das in Ihrem Alltag?"

Verzerrung prüfen: „Was genau lässt Sie glauben, dass Ihr Körper nicht wieder ins Gleichgewicht kommen könnte?"

Einfühlsame Sicherheit geben: „Wir nehmen uns die Zeit, herauszufinden, was Ihr Körper jetzt braucht, um wieder ins Gleichgewicht zu kommen."

Wirkung: Kamille-Patienten fühlen sich durch die sanfte und verständnisvolle Sprache gut aufgehoben.

Körpersprache:

Sanfter, aber fester Händedruck: Ihr Händedruck ist stabil und vermittelt Vertrauen. Sie drücken sich weder zu schwach noch zu stark aus – es ist eine ausgeglichene, bodenständige Geste.

Ruhige, zurückhaltende Gestik: Die Gesten eines grünen Typs sind ruhig und nicht übermäßig expressiv. Sie bewegen sich kontrolliert und neigen dazu, ihre Bewegungen minimal zu halten, um keine Unruhe zu verbreiten.

Feste Körperhaltung: Sie stehen oder sitzen oft in einer stabilen, selbstsicheren Haltung, die Ruhe und Gelassenheit vermittelt.

Gesagtes:

Bodenständige und praktische Aussagen: Ihre Sprache ist oft pragmatisch, konkret und auf Lösungen fokussiert. Sie bevorzugen es, über das zu sprechen, was real und umsetzbar ist, und meiden spekulative oder abstrakte Themen.

Themen der Sicherheit und Stabilität: Grüne Typen könnten oft über Stabilität, Sicherheit oder die Wichtigkeit von Beständigkeit in Beziehungen oder Arbeit sprechen. „Es ist wichtig, dass alles geordnet und sicher ist" könnte ein typischer Satz sein.

Geduldige und einfühlsame Kommunikation:
Sie lassen anderen Menschen Raum und Zeit und unterbrechen selten. Sie sprechen ruhig und bedacht, und ihre Worte strahlen oft Zuversicht aus.

Kleidung:

Schlichte, erdige Farben: Grüne Typen bevorzugen oft natürliche Farben wie Grün, Braun oder Beige. Ihre Kleidung spiegelt ihre Naturverbundenheit und ihren Wunsch nach Einfachheit und Funktionalität wider.

Komfort und Beständigkeit: Sie neigen dazu, bequeme, robuste Kleidung zu wählen, die Langlebigkeit und Zweckmäßigkeit betont. Sie ziehen es vor, Kleidung zu tragen, die ihnen ein Gefühl der Stabilität und Geborgenheit gibt.

Zeitloser, funktionaler Stil: Sie könnten klassische, schlichte Kleidungsstile bevorzugen, die nicht modischen Trends folgen, sondern sich durch Langlebigkeit und Funktionalität auszeichnen.

Ergänzende Hinweise

Behutsamer Kommunikationsstil: Sie könnten ein langsameres Gesprächstempo bevorzugen und schätzen es, wenn sie Zeit haben, Dinge in ihrem eigenen Tempo zu verarbeiten. Schnelle Entscheidungen oder Druck würden sie eher verunsichern.

Respekt für Traditionen: Grüne Typen könnten Wert auf Traditionen legen und sich in bewährten Strukturen wohlfühlen. In der Therapie könnten traditionelle Heilmethoden oder bewährte Ansätze bevorzugt werden.

Interesse an Natur und Gesundheit: Diese Patienten könnten eine starke Affinität zu Naturheilkunde, pflanzlichen Heilmitteln oder ganzheitlichen Ansätzen haben. Der Heilpraktiker könnte in Betracht ziehen, Therapien anzubieten, die eine Verbindung zur Natur oder zu natürlichen Lebensweisen betonen.

Rituale und Routinen: Grüne Typen schätzen wahrscheinlich regelmäßige Abläufe und Routinen. In der Therapie könnte es hilfreich sein, feste Strukturen oder Rituale einzubauen, die ihnen Sicherheit und Beständigkeit vermitteln.

Über den Autor

Nico Pirner ist NLP-Lehrtrainer (DVNLP), systemischer Coach und Resilienzcoach mit mehr als 20 Jahren Erfahrung in der Führung und Entwicklung von Menschen in internationalen Unternehmen. Seine Leidenschaft ist es, Menschen in ihren Veränderungsprozessen wirkungsvoll zu begleiten und sie in ihrer persönlichen Entwicklung zu stärken. Neben seiner Tätigkeit als Trainer und Coach ist er Dozent an mehreren Bildungszentren und engagiert sich besonders in der Weiterbildung von Ärzten, Heilpraktikern, Therapeuten und Gesundheitscoaches.

Quellennachweis

Alexa Mohl & Friedrich Lohmann
Der Zauberlehrling im Seminar
Dr. Alexa Mohl Verlag
Hannover 2018

Petra Dannemeyer & Ralf Dannemeyer
NLP-Practitioner Lehrbuch
Junfermann 2016

Power Research Akademie
NLP Practitioner Seminarunterlagen
Katja Dyckhoff & Thomas Westerhausen
www.power-research-akademie.com